Management des entreprises

BTS 2e année

Nouvelle édition

Marie-José Chacon
Professeur agrégée d'économie et gestion

Patrice Gillet
Professeur certifié d'économie et gestion

Caroline Gonnet
Professeur certifiée d'économie et gestion

Nathan
TECHNIQUE

Édition : Judith Ajchenbaum
Coordination artistique : Vincent Rioult
Mise en pages : CGI
Fabrication : Olivier Le Gall

Avril 2015 – ISBN : 978-2-09-163776-1

Mode d'emploi

La mise à jour de cette pochette à feuillets détachables propose une approche active du nouveau programme de 2e année de BTS en Management des entreprises. Elle prépare efficacement l'étudiant(e) à l'épreuve de BTS.

L'étudiant(e) s'approprie le cours à travers des documents nombreux, variés et récents (articles de presse, extraits d'ouvrage, sites Internet, etc.) qui permettent la mise en pratique des notions.

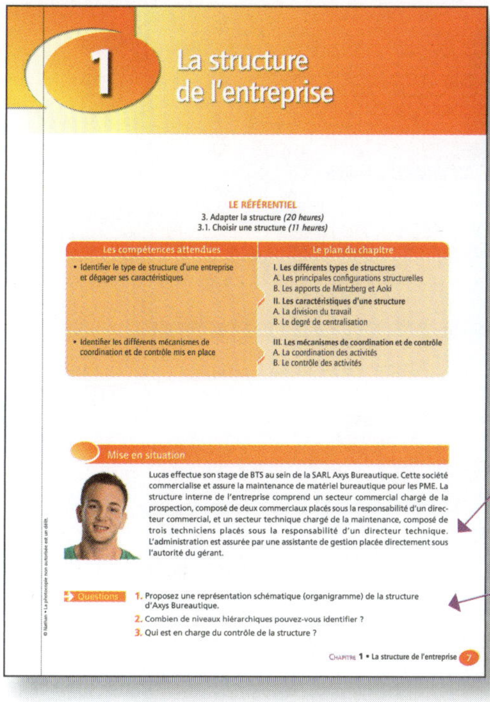

Une page d'introduction situe le chapitre dans le programme de Management des entreprises. L'étudiant(e) identifie les **compétences attendues** et les principales notions traitées à travers le **plan du chapitre**.

Le **cas** du chapitre, mettant en situation une entreprise, est annoncé.

Des **mots-clés** sont associés au thème du chapitre et définis dans le lexique en fin d'ouvrage.

Quatre à six pages de documents permettent de comprendre les concepts et de les mettre en œuvre.

Des questions progressives permettent à l'étudiant(e) d'observer, analyser et conceptualiser.

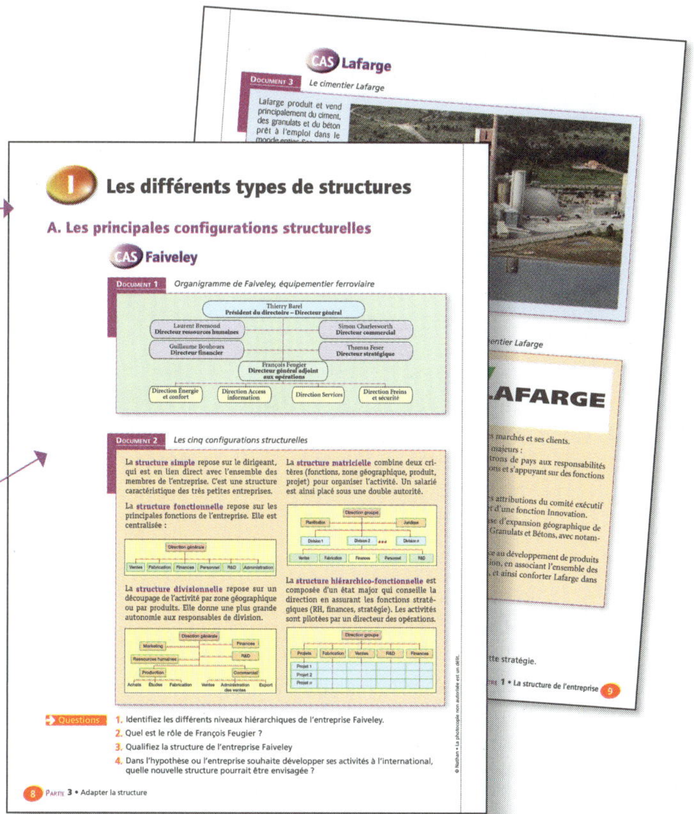

Un **cas d'entreprise** dont la forme se rapproche de l'épreuve de BTS clôture le chapitre. Il sert à mettre en pratique plusieurs notions et compétences en privilégiant des situation de PME.

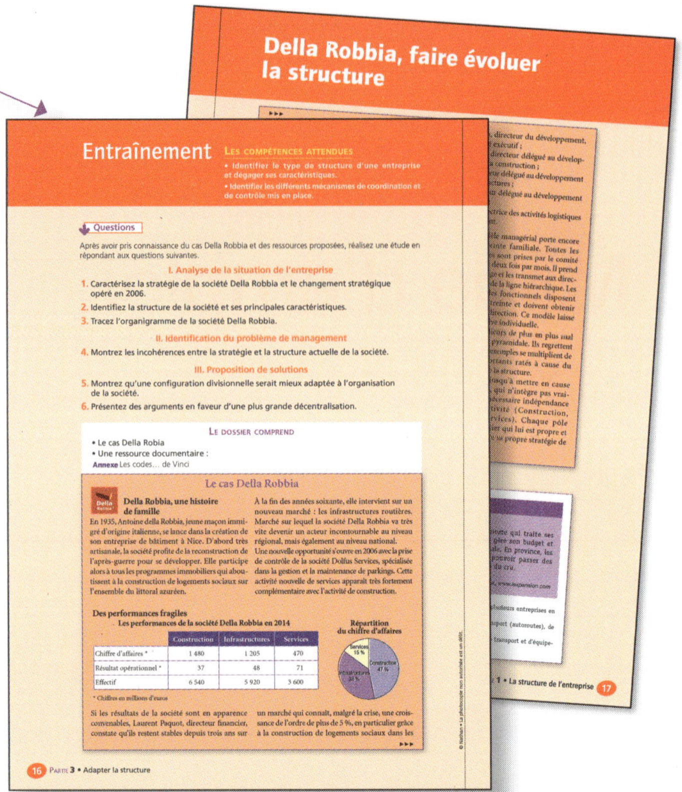

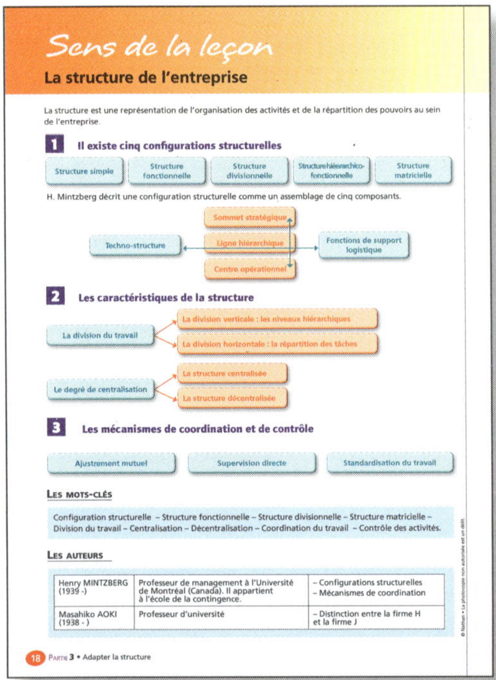

Un schéma récapitulatif en fin de chapitre donne à l'étudiant(e) le **sens de la leçon**.

Tout au long de l'ouvrage, trois entraînements à l'épreuve de BTS mettent l'étudiant(e) en **situation d'examen**, en couvrant plusieurs compétences.

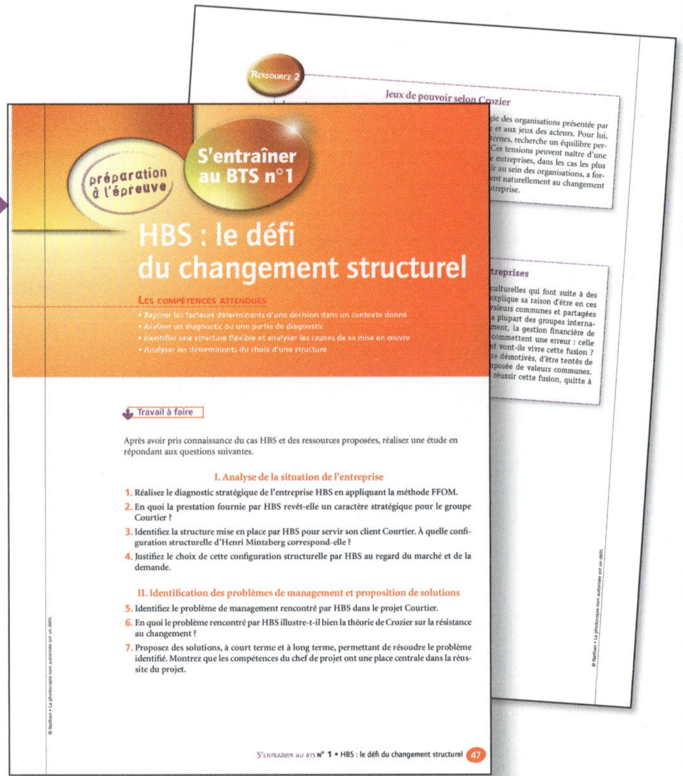

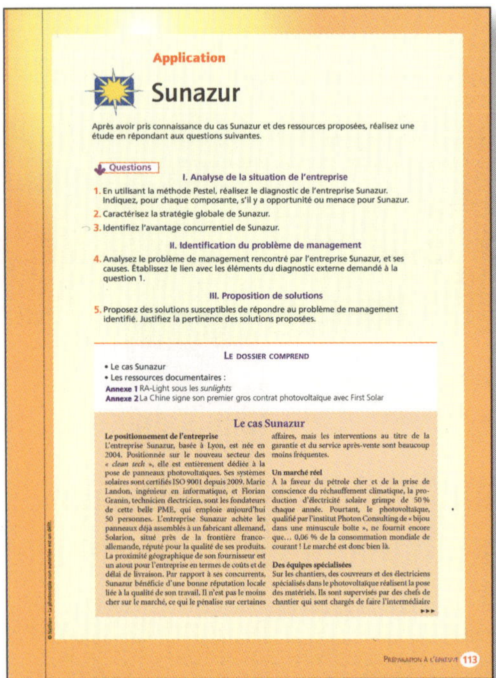

La méthodologie de **préparation à l'épreuve** permet à l'étudiant(e) d'acquérir les savoir-faire et les compétences nécessaires à la réussite de l'examen.

Boîte à outils

■ Une **biographie** présente les auteurs au programme : ils ont, par leurs travaux et leur réflexion, contribué à la construction de la discipline. Leur connaissance est indispensable pour passer avec succès l'épreuve de management des entreprises.

■ Un **lexique** propose des définitions des mots-clés rencontrés dans les différents chapitres.

Sommaire

Partie 3 • Adapter la structure

Partie 4 • Mobiliser les ressources

Crédits photographiques : p. 7 : © Jeanette Dietl - Fotolia.com ; p. 9 : © Philippe Devanne - Fotolia.com ; p. 10 : RECORD France ; p. 11 : © snapgalleria - Fotolia.com ; p. 12 : © imstock - Fotolia.com ; p. 14 : © jackfrog - Fotolia.com ; p. 15 : © Robert Kneschke - Fotolia.com ; p. 17 : © TristanBM - Fotolia.com ; p. 19 : © nito - Fotolia.com ; p. 23 : © Zerbor - Fotolia.com ; p. 23 g : Kodda/Shutterstock ; p. 23 d : e*m compagny/H. Goussé/Airbus S.A.S 2011 ; p. 29 : © SGM/Shutterstock.com ; p. 31 : © angellodeco - Fotolia.com ; p. 36 : © CandyBox Images - Fotolia.com ; p. 37 : © MO:SES - Fotolia.com ; p. 38 : © rottenman - Fotolia.com ; p. 41 : © Debu55y/Shutterstock.com ; p. 41 : DCNS ; p. 49 : © Stepan Popov - Fotolia.com ; p. 51 : © Minerva Studio - Fotolia.com ; p. 59 : © apops - Fotolia.com ; p. 60 haut : © PHILETDOM - Fotolia.com ; p. 60 bas : © Stephane Audras/REA ; p. 62 : © bonciutoma - Fotolia.com ; doc 63 haut gauche : © Trish23 - Fotolia.com ; p. 63 haut droite : © Robert Kneschke - Fotolia.com ; p. 63 : © zhu difeng - Fotolia.com ; p. 74 : © Philippe Huguen/AFP Photo ; p. 75 : © leekris - Fotolia.com ; p. 76 haut : © adisa - Fotolia.com ; p. 76 bas : © Rui Vale de Sousa - Fotolia.com ; p. 83 : © Pierre brillot - Fotolia.com ; p. 84 : © dynamofoto - Fotolia.com ; p. 87 : © Coprid - Fotolia.com ; p 90 : © blvdone - Fotolia.com ; p. 96 : Julius Kielaitis/Shutterstock ; p. 97 : Cesar Ferrari/Reuters ; p. 100 : www.dessinemoiunsoulier.com p. 121 : GPMNSN 2012 ; p. 122 : Deways.fr.

Dessins : Luca Cholewa, Beata Gierasimczyk, Michel-Yves Schmitt et Hubert Blatz.

Iconographie : Estelle Dhenin

1 La structure de l'entreprise

LE RÉFÉRENTIEL

3. Adapter la structure *(20 heures)*
3.1. Choisir une structure *(11 heures)*

Les compétences attendues	Le plan du chapitre
• Identifier le type de structure d'une entreprise et dégager ses caractéristiques	**I. Les différents types de structures** A. Les principales configurations structurelles B. Les apports de Mintzberg et Aoki **II. Les caractéristiques d'une structure** A. La division du travail B. Le degré de centralisation
• Identifier les différents mécanismes de coordination et de contrôle mis en place	**III. Les mécanismes de coordination et de contrôle** A. La coordination des activités B. Le contrôle des activités

Mise en situation

Lucas effectue son stage de BTS au sein de la SARL Axys Bureautique. Cette société commercialise et assure la maintenance de matériel bureautique pour les PME. La structure interne de l'entreprise comprend un secteur commercial chargé de la prospection, composé de deux commerciaux placés sous la responsabilité d'un directeur commercial, et un secteur technique chargé de la maintenance, composé de trois techniciens placés sous la responsabilité d'un directeur technique. L'administration est assurée par une assistante de gestion placée directement sous l'autorité du gérant.

Questions

1. Proposez une représentation schématique (organigramme) de la structure d'Axys Bureautique.
2. Combien de niveaux hiérarchiques pouvez-vous identifier ?
3. Qui est en charge du contrôle de la structure ?

I Les différents types de structures

A. Les principales configurations structurelles

CAS Faiveley

DOCUMENT 1 *Organigramme de Faiveley, équipementier ferroviaire*

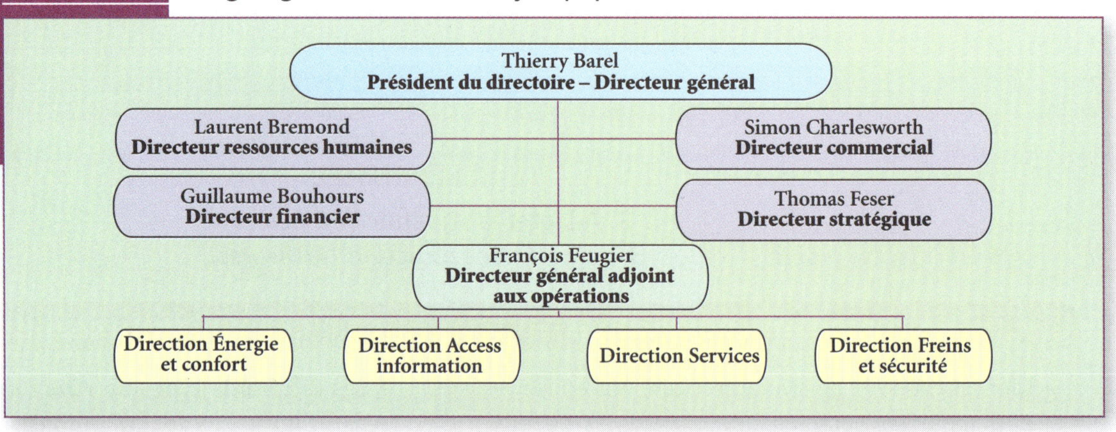

DOCUMENT 2 *Les cinq configurations structurelles*

La **structure simple** repose sur le dirigeant, qui est en lien direct avec l'ensemble des membres de l'entreprise. C'est une structure caractéristique des très petites entreprises.

La **structure fonctionnelle** repose sur les principales fonctions de l'entreprise. Elle est centralisée :

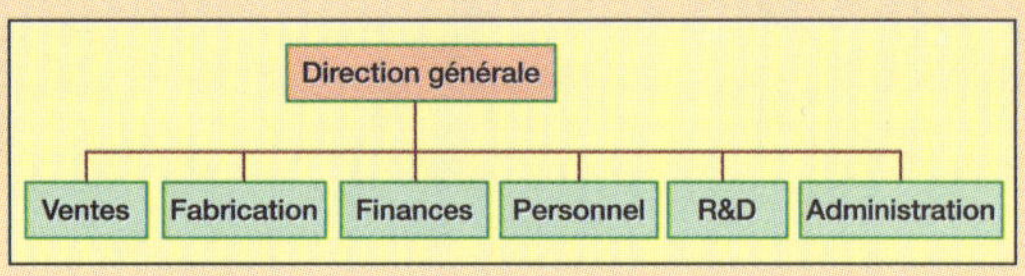

La **structure divisionnelle** repose sur un découpage de l'activité par zone géographique ou par produits. Elle donne une plus grande autonomie aux responsables de division.

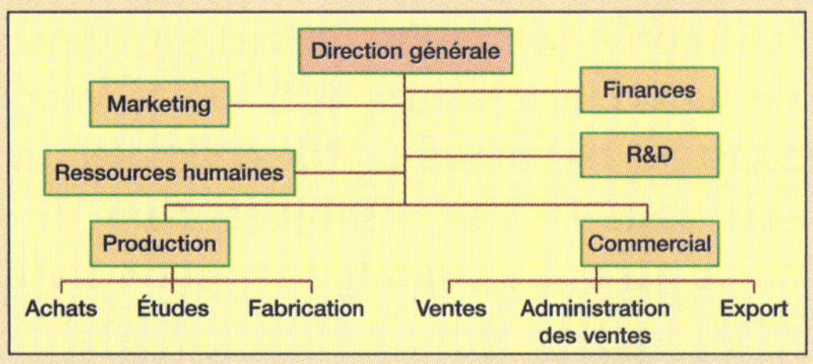

La **structure matricielle** combine deux critères (fonctions, zone géographique, produit, projet) pour organiser l'activité. Un salarié est ainsi placé sous une double autorité.

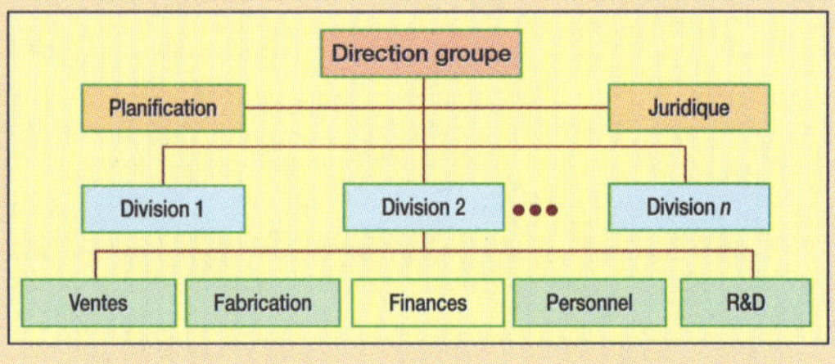

La **structure hiérarchico-fonctionnelle** est composée d'un état major qui conseille la direction en assurant les fonctions stratégiques (RH, finances, stratégie). Les activités sont pilotées par un directeur des opérations.

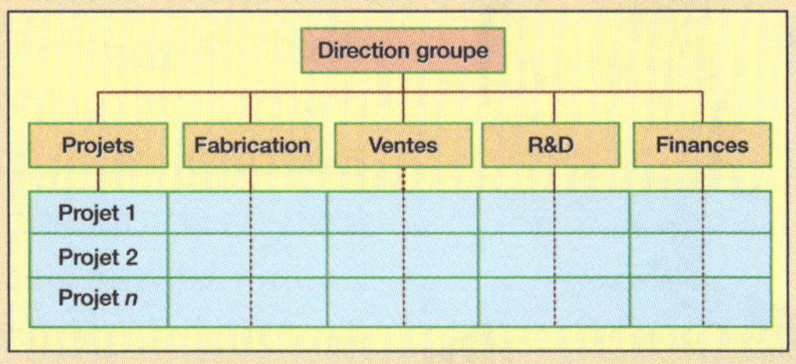

Questions

1. Identifiez les différents niveaux hiérarchiques de l'entreprise Faiveley.
2. Quel est le rôle de François Feugier ?
3. Qualifiez la structure de l'entreprise Faiveley
4. Dans l'hypothèse ou l'entreprise souhaite développer ses activités à l'international, quelle nouvelle structure pourrait être envisagée ?

CAS Lafarge

DOCUMENT 3 *Le cimentier Lafarge*

Lafarge produit et vend principalement du ciment, des granulats et du béton prêt à l'emploi dans le monde entier. Ses produits et solutions de construction sont utilisés pour construire ou rénover des logements, bâtiments et infrastructures.
Grâce à sa stratégie d'expansion internationale, Lafarge a développé un portefeuille géographique équilibré, tourné vers les marchés émergents à forte croissance. Ils représentent 58 % du chiffre d'affaires du groupe en 2013.

DOCUMENT 4 *Une nouvelle organisation chez le cimentier Lafarge*

En 2011, le groupe était organisé en branches d'activité : Ciments, Granulats et Bétons.

Pour renforcer son efficacité sur ses marchés et accélérer le développement du groupe, Lafarge met en place, en 2012, une nouvelle organisation par pays, plus agile, plus réactive et davantage tournée vers ses marchés et ses clients.

Cette organisation est caractérisée par trois changements majeurs :
• la mise en place d'une structure par pays, avec des patrons de pays aux responsabilités couvrant l'ensemble des activités Ciments, Granulats et Bétons et s'appuyant sur des fonctions support communes ;
• la suppression d'un échelon hiérarchique (les régions) ;
• la transformation en conséquence de l'organisation et des attributions du comité exécutif avec notamment la création d'une fonction Performance et d'une fonction Innovation.

Cette nouvelle organisation est la suite naturelle de la phase d'expansion géographique de Lafarge et de son récent recentrage sur les activités Ciments, Granulats et Bétons, avec notamment la cession de la majeure partie de ses activités Plâtre.

Elle va permettre de mieux différencier l'offre de Lafarge grâce au développement de produits et de solutions à plus forte valeur ajoutée pour la construction, en associant l'ensemble des compétences Ciment, Béton et Granulats dans chaque pays, et ainsi conforter Lafarge dans sa position d'acteur clé de la construction durable.

Questions

1. Caractérisez la structure de Lafarge avant 2011.
2. Identifiez les changements apportés en 2012.
3. Qualifiez la stratégie de Lafarge.
4. Montrez que la nouvelle structure est cohérente avec cette stratégie.

B. Les apports de Mintzberg et Aoki

CAS Record France

Document 5 *La configuration structurelle de Record*

L'entreprise Record est spécialisée dans la fabrication d'amortisseurs de seconde monte. Elle est contrôlée et dirigée par la famille Meyer Warnod. La direction générale définit la stratégie de l'entreprise et assure le développement commercial.
Avec l'accord des constructeurs automobiles, la société dispose d'un bureau d'étude qui analyse les amortisseurs d'origine et conçoit des modèles parfaitement adaptables sur tous les véhicules.
Les ingénieurs composant ce bureau élaborent un cahier des spécifications techniques de fabrication.
À partir de ce cahier, les techniciens du bureau des méthodes déterminent les étapes du processus de fabrication de l'amortisseur, les matériaux nécessaires et les techniques à utiliser.
À partir des prévisions de ventes, le responsable de la production charge de la mise en fabrication les 12 cadres présents dans les ateliers. Ils prennent le relais et organisent le travail des 76 ouvrières et ouvriers de production. Le travail industriel est standardisé et les salariés le plus souvent affectés à des postes fixes.

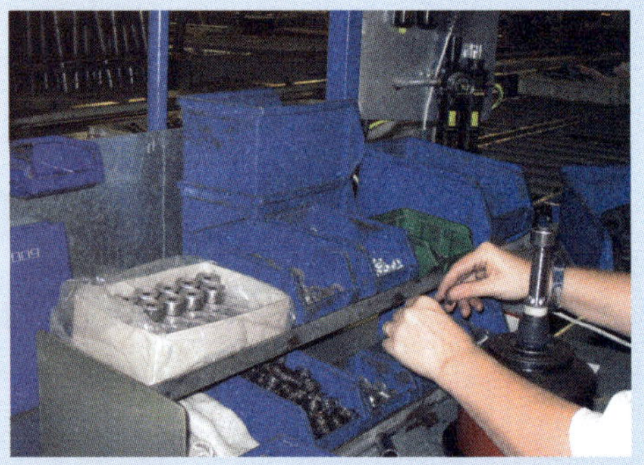

Le service de contrôle de la qualité s'assure que les pièces produites sont conformes au cahier des charges. Il est également garant de la certification ISO 9001 obtenue en 2003.
Le service logistique assure la bonne circulation des matières et des fluides dans les ateliers. Il existe enfin un Intranet qui permet de faire circuler les informations accessibles aux salariés sur des bornes de consultation.

Document 6 *Les composants de la structure chez H. Mintzberg*

Quel que soit le type d'organisation observé, Henri Mintzberg identifie 5 composants formant une configuration structurelle :

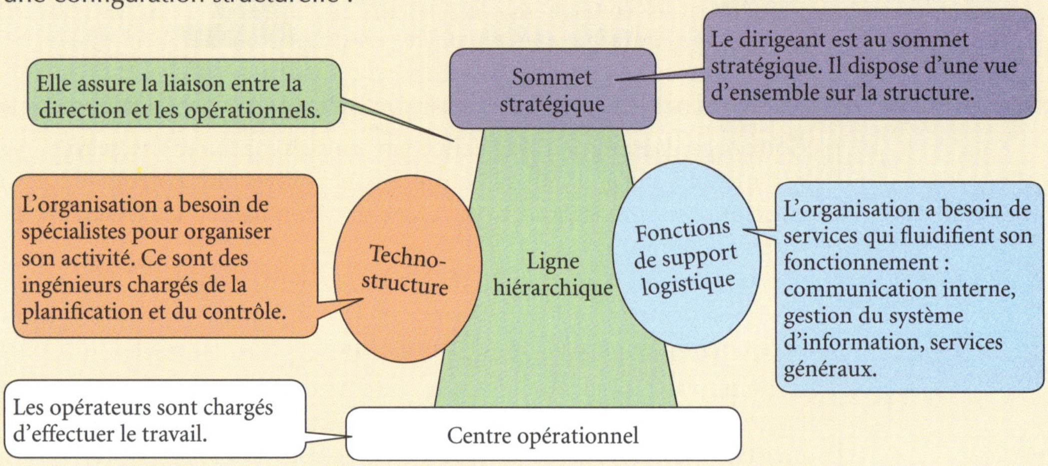

Questions

1. Complétez le tableau ci-dessous en indiquant les postes chez Record qui correspondent aux composants de la structure :

Sommet stratégique	Ligne hiérarchique	Techno-structure	Centre opérationnel	Support logistique

2. Indiquez à quel composant pourraient appartenir les acteurs suivants : un directeur du système d'information, un contrôleur de gestion, un magasinier.
3. Dégagez l'intérêt de l'analyse de Mintzberg sur la compréhension des structures.

CAS Techné

Document 7 *Techné, la PME qui fait confiance à ses salariés*

Chez Techné, quand un salarié s'exprime, on l'écoute quel que soit son poste. Il y a quelques années, Frédéric Braga, chargé de qualité chez ce fabricant de joints d'étanchéité, de coussinets de glissement et de soupapes de sécurité pour l'automobile et l'électronique, envisage de tester une toute nouvelle technique allemande pour améliorer le lissage des pièces. Seul hic, les machines coûtent 300 000 euros. Sans hésiter, il monte avec deux ingénieurs dans le bureau du patron. « Il nous a écoutés, demandé si nous étions certains que c'était bon pour l'entreprise, puis il a signé un chèque sur-le-champ », se souvient Frédéric Braga. Sage décision : cette technologie de pointe, que Techné est aujourd'hui l'une des rares sociétés à maîtriser en Europe, génère désormais 15 % de son chiffre d'affaires.

Lorsqu'il a fondé sa société, en 1981, Georges Fontaines prône une organisation basée sur la confiance et la responsabilisation des salariés. Dans les grands entrepôts blancs de Techné, où les casiers remplis de produits finis s'alignent près des bureaux des commerciaux, les horaires sont libres, les méthodes de travail déterminées par les salariés eux-mêmes et la hiérarchie réduite au strict minimum, sans standardistes ni assistantes. Résultat, le *turn-over* est quasi nul dans l'entreprise, et le chiffre d'affaires, qui progresse en moyenne de 15 % par an, a dépassé 35 millions d'euros en 2011 pour 1 million d'euros de bénéfices. En dix ans, la PME a même racheté plusieurs sociétés en France et en Italie et a ouvert des bureaux en Chine ainsi qu'en Turquie.

Management, mai 2012.

Document 8 *Entreprise H et entreprise J chez Aoki*

Dans l'entreprise hiérarchique (H), les ouvriers d'un atelier de production travaillent sous l'autorité directe du chef d'atelier. Ces ouvriers ne communiquent pas d'un atelier à l'autre. En cas d'imprévu, la coordination est verticale : c'est le responsable qui prend une décision à partir des informations remontées par les opérationnels. Les salariés sont spécialisés et adaptés à leur poste de travail. Le salarié dont les compétences sont plus importantes va les valoriser en passant par le marché du travail en recherchant un emploi plus rémunérateur dans une autre entreprise.

Dans l'entreprise japonaise (J), les salariés sont autonomes. Ils communiquent abondamment entre ateliers. En cas d'imprévu, leurs compétences élargies leur permettent de se coordonner. La promotion du salarié se fonde alors sur ses capacités à communiquer et à favoriser la résolution collective des problèmes. Le système d'incitation est interne et valorise les compétences. Il encourage le principe de « l'emploi à vie ».
Selon Masahiko Aoki, l'entreprise J, ayant une structure plus souple et un système d'information plus horizontale que l'entreprise H, est plus efficace et mieux adaptée aux environnements contemporains très incertains.

Questions

1. Associez les affirmations aux entreprises H ou J en cochant les cases adéquates :

	Entreprise H	Entreprise J
Le nombre de niveaux hiérarchiques est élevé.		
La coordination est plutôt informelle.		
La communication entre les services est encouragée.		
L'incitation se fait par par le marché du travail.		
La coordination privilégiée est la supervision directe.		
La communication entre les services est réduite.		
Le nombre de niveaux hiérarchiques est réduit.		
L'incitation est interne.		

2. Montrez que Techné est une entreprise J.

3. Peut-on dire que la PME Techné donne raison à Aoki ? Justifiez votre réponse.

II Les caractéristiques d'une structure

A. La division du travail

CAS Fleury Michon

DOCUMENT 9 *La structure de Fleury Michon*

La société Fleury Michon est spécialisée dans la fabrication et la distribution de charcuterie, produits de la mer et produits traiteur. Elle réalise 86 % de son activité dans les grandes et moyennes surfaces (GMS).
La direction générale, placée sous l'autorité de Régis Lebrun, est chargée de la gestion opérationnelle de l'entreprise. Elle s'appuie sur la stratégie élaborée en collaboration avec le comité de direction du groupe. La direction générale est ainsi composée :

– le directeur Logistique et Industrie
– le directeur des Systèmes d'information
– le directeur d'activité Charcuterie
– la directrice des Ressources humaines
– le directeur du Marketing stratégique
– le directeur d'activité Traiteur et Produits de la mer

D'après : *www.fleurymichongroupe.com*

DOCUMENT 10 *Les formes de la division du travail*

La division du travail doit permettre d'améliorer la productivité en structurant mieux le travail. La division du travail prend deux directions :
– la **division verticale du travail** repose sur le premier principe de l'OST[1] : la séparation entre le travail de conception (les dirigeants) et le travail d'exécution (les employés). Entre ces deux niveaux extrêmes, la ligne hiérarchique contrôle la bonne réalisation du travail. Une division verticale forte se traduit par de nombreux niveaux hiérarchiques. À l'inverse, quand la division verticale est faible, l'organigramme est quasiment plat ;
– la **division horizontale du travail** consiste à organiser le travail du personnel (ouvriers, employés) en application du deuxième principe de l'OST : la parcellisation des tâches. Le travail est découpé en tâches élémentaires.

* OST : organisation scientifique du travail défendue par Taylor.

DOCUMENT 11 *Les étapes de fabrication du surimi*

Réception des filets de poisson → Transformation en pâte par adjonction de fécule, de blanc d'œuf et d'arôme de crabe → Préparation d'un mélange au paprika → Dépôt du mélange orangé sur les bandes de pate de poisson → Enroulage des bandes → Cuisson vapeur des rouleaux → Découpe des rouleaux → Conditionnement Expédition

Questions

1. Montrez que la structure de Fleury Michon est de type hiérarchico-fonctionnelle.
2. Mettez en évidence la division verticale du travail chez Fleury Michon.
3. Montrez l'importance de la division horizontale du travail chez Fleury Michon.
4. En quoi la division du travail contribue-t-elle à l'efficacité de la structure de Fleury Michon ?

B. Le degré de centralisation

CAS Starbucks

Document 12 *Starbucks, le manager imprime son empreinte*

Si c'était votre propre boutique, que feriez-vous différemment ? C'est ainsi que Schultz* a l'habitude d'apostropher les salariés – ses « partenaires » – lors des forums qu'il anime dans le monde entier. Si la réponse coïncide avec les valeurs maison, le collaborateur a carte blanche pour agir.
Des trouvailles ont ainsi émergé. Celle consistant à brasser le café toutes les huit minutes, par exemple, une étape indispensable de la préparation. Mais Schultz a eu l'intelligence de ne pas chercher à l'imposer dans tous ses cafés, laissant les équipes libres de l'adopter si elles le jugeaient bon. Chaque Starbucks a ainsi ses petites particularités. Car le *store manager* est invité à imprimer sa marque. « Je n'ai aucune consigne formelle pour le recrutement. Mon rôle est de motiver, d'insuffler de la bonne humeur, de faire en sorte que la boutique tourne », confiait le directeur d'un café interrogé par des étudiants de l'EM-Lyon.
« Dans ce genre de chaîne, le manager doit avoir les moyens de gérer son entité comme s'il en était le propriétaire, observe Fabienne Autier, professeure en gestion des ressources humaines à l'EM-Lyon. Les équipes y sont très responsabilisées, mais les rémunérations et les conditions de travail ne sont pas toujours à la hauteur. » Pour échapper à cette critique, Starbucks France a réévalué les salaires des superviseurs et attribué des actions gratuites de l'entreprise (les *beans stock*) à tous les employés.

Management, juillet-août 2012, © Prisma Media.

* Howard Schultz est le PDG de la chaîne Starbucks.

Document 13 *Structure centralisée et structure décentralisée*

La centralisation est une organisation qui repose sur le dirigeant placé au sommet de la structure. Il prend l'ensemble des décisions et toutes les informations doivent remonter vers lui pour l'aider à prendre la décision optimale.
Compte tenu de la complexité croissante de l'environnement de l'entreprise, de la multiplication des métiers différents, de l'augmentation de la taille des entreprises et de la nécessité de prise de décision rapide, cette organisation centralisée peut vite devenir inefficace.

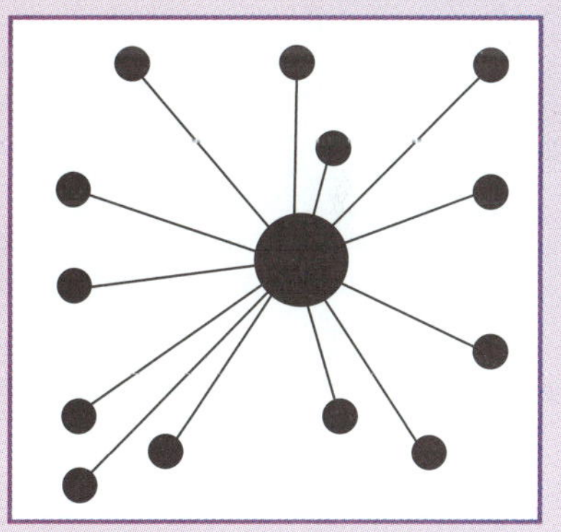

Structure centralisée : le dirigeant est au centre de la structure. Ses décisions rayonnent vers les niveaux hiérarchiques inférieurs.

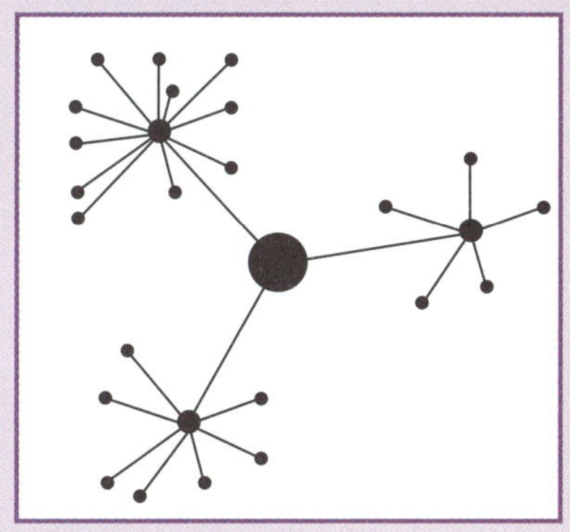

Structure décentralisée : chacune des trois étoiles constitue une unité décentralisée et autonome. Ses performances sont évaluées régulièrement par le dirigeant.

La décentralisation est une forme d'organisation dans laquelle des unités de travail indépendantes (*business units*) disposent d'une autonomie de prise de décision. Elle est particulièrement bien adaptée à des environnements changeants et incertains. Certaines décisions cependant restent de la compétence du sommet stratégique. C'est le cas par exemple des fonctions Finance, Stratégie ou Recherche & Développement.

Questions

1. Montrez que Starbucks présente les caractéristiques d'une structure décentralisée.
2. Indiquez les avantages de la décentralisation pour Starbuks et ses salariés.
3. Quelle structure est la mieux adaptée à un environnement changeant ?

III Les mécanismes de coordination et de contrôle

A. La coordination des activités

Document 14 *Les mécanismes de coordination*

La coordination des activités est décrite par Henry Mintzberg, qui met en évidence cinq mécanismes :

L'ajustement mutuel	La coordination du travail est assurée par la communication informelle (simples échanges entre les personnes).
La supervision directe	La coordination du travail est assurée par le biais d'une seule personne qui donne les ordres et les instructions à plusieurs autres qui travaillent en interrelations.
La standardisation des procédés	La coordination est effectuée en spécifiant les procédés de travail de ceux qui doivent réaliser des tâches.
La standardisation des résultats	La coordination du travail est effectuée en indiquant un objectif. Le salarié organise son travail librement pour atteindre ce résultat.
La standardisation des qualifications (et du savoir)	La coordination du travail est garantie par la formation et les compétences spécifiques de celui qui exécute le travail.

Document 15 *Cinq situations de coordination*

Situation 1
Dans le cabinet d'expertise comptable Sofica, le dirigeant souhaite développer une nouvelle activité de conseil en ressources humaines. Il établit une fiche de poste afin de recruter un nouveau collaborateur. Cette personne devra avoir un niveau d'expertise élevé afin de diriger en autonomie ce nouveau service.

Situation 2
Le nouveau service de conseil RH de Sofica emploie 3 personnes spécialistes en droit du travail. Ces salariés sont chargés des dossiers clients et sont évalués sur la satisfaction de la demande client.

Situation 3
L'entreprise du bâtiment EMTP décide d'améliorer la gestion de ses approvisionnements. Désormais, les achats de matériaux doivent respecter une procédure de centralisation qui passe par l'établissement de fiches de commande normalisées.

Situation 4
Chez EMTP, les contremaîtres sont directement présents sur le chantier. Ils répartissent quotidiennement les tâches à effectuer par les différents ouvriers présents. Leur fonction consiste ensuite à s'assurer de la bonne exécution du travail.

Situation 5
Dans un restaurant, le chef de cuisine dirige sa brigade et répartit les tâches sur les différents postes de travail. Chaque commis de cuisine exécute les consignes reçues. En salle, le maître d'hôtel attribue aux serveurs les tables qu'ils doivent suivre. Régulièrement, les serveurs s'aident pour gérer les imprévus quotidiens du service.

Questions

1. Identifiez et expliquez pour chaque situation le ou les mécanismes de coordination du travail à l'œuvre.
2. Indiquez les avantages des différents mécanismes de coordination du travail.

B. Le contrôle des activités

Document 16 *Qu'est-ce que le contrôle ?*

Le contrôle désigne une fonction du management par laquelle s'opère le suivi des activités. Il vise à vérifier la conformité des préconisations ou des objectifs de départ avec les réalisations. Il doit identifier des écarts et proposer des actions de corrections. Il concerne tous les niveaux hiérarchiques. Le contrôle peut être effectué en interne. Il peut également être confié à un organisme extérieur.
Le contrôle des activités est influencé par la culture de l'entreprise, les modes de coordination et le degré de centralisation. Dans une entreprise fortement centralisée où la supervision directe est dominante, les contrôles sont importants. Ils s'appuient sur des procédures administratives parfois contraignantes en privilégiant l'autorité. À l'inverse, dans une organisation décentralisée dans laquelle les responsables ont une forte autonomie, le contrôle repose principalement sur la vérification des résultats au regard des objectifs.

Document 17 *Quatre situations de contrôle d'activité*

Situation 1
Le conseil d'administration d'une entreprise agro-alimentaire décide de réduire ses domaines d'activité en engageant la cession de la branche Nutrition infantile. Le président charge le directeur général de mettre en œuvre cette stratégie. Ce dernier devra réaliser chaque mois un bilan d'étape qu'il soumettra à l'approbation du conseil d'administration.

Situation 2
Afin de s'assurer de la conformité de sa comptabilité, le gérant d'une PME confie la tenue de ses comptes à un cabinet d'expertise comptable, qui devra périodiquement fournir des états comptables. Ces états permettront également au gérant d'avoir un suivi mensuel de ses performances.

Situation 3
La responsable de caisse d'un supermarché supervise le travail de l'ensemble des hôtesses de caisse. En fonction du planning de présence et de la fréquentation du magasin, elle décide de l'ouverture d'une caisse ou des pauses des hôtesses. Elle s'assure du respect de ces horaires et peut éventuellement sanctionner le manque de ponctualité.

Situation 4
Le directeur marketing d'une entreprise de prêt-à-porter souhaite vérifier le degré de réalisation de ses objectifs mensuels (chiffre d'affaires, marge, nombre de clients, taux de réalisation). Il met donc en place un tableau de bord. Les directeurs de magasins devront le compléter chaque jour pour permettre de mesurer leurs résultats. Ils doivent faire remonter ces informations *via* le réseau interne.

Questions

1. Complétez le tableau en indiquant pour chaque situation qui sont les acteurs du contrôle et quel est le mode de coordination :

Situation	Qui contrôle …	… qui ?	Outils de contrôle	Contrôle interne / externe
1				
2				
3				
4				

2. Identifiez dans les situations 3 et 4 les modes de coordination à l'œuvre.
3. Quel est l'objectif du contrôle des activités ?

Entraînement

LES COMPÉTENCES ATTENDUES

- **Identifier le type de structure d'une entreprise et dégager ses caractéristiques.**
- **Identifier les différents mécanismes de coordination et de contrôle mis en place.**

Questions

Après avoir pris connaissance du cas Della Robbia et des ressources proposées, réalisez une étude en répondant aux questions suivantes.

I. Analyse de la situation de l'entreprise

1. Caractérisez la stratégie de la société Della Robbia et le changement stratégique opéré en 2006.
2. Identifiez la structure de la société et ses principales caractéristiques.
3. Tracez l'organigramme de la société Della Robbia.

II. Identification du problème de management

4. Montrez les incohérences entre la stratégie et la structure actuelle de la société.

III. Proposition de solutions

5. Montrez qu'une configuration divisionnelle serait mieux adaptée à l'organisation de la société.
6. Présentez des arguments en faveur d'une plus grande décentralisation.

LE DOSSIER COMPREND

- Le cas Della Robia
- Une ressource documentaire :

Annexe Les codes… de Vinci

Le cas Della Robbia

Della Robbia, une histoire de famille

En 1935, Antoine della Robbia, jeune maçon immigré d'origine italienne, se lance dans la création de son entreprise de bâtiment à Nice. D'abord très artisanale, la société profite de la reconstruction de l'après-guerre pour se développer. Elle participe alors à tous les programmes immobiliers qui aboutissent à la construction de logements sociaux sur l'ensemble du littoral azuréen.

À la fin des années soixante, elle intervient sur un nouveau marché : les infrastructures routières. Marché sur lequel la société Della Robbia va très vite devenir un acteur incontournable au niveau régional, mais également au niveau national.

Une nouvelle opportunité s'ouvre en 2006 avec la prise de contrôle de la société Dolfus Services, spécialisée dans la gestion et la maintenance de parkings. Cette activité nouvelle de services apparaît très fortement complémentaire avec l'activité de construction.

Des performances fragiles

Les performances de la société Della Robbia en 2014

	Construction	Infrastructures	Services
Chiffre d'affaires *	1 480	1 205	470
Résultat opérationnel *	37	48	71
Effectif	6 540	5 920	3 600

* Chiffres en millions d'euros

Répartition du chiffre d'affaires

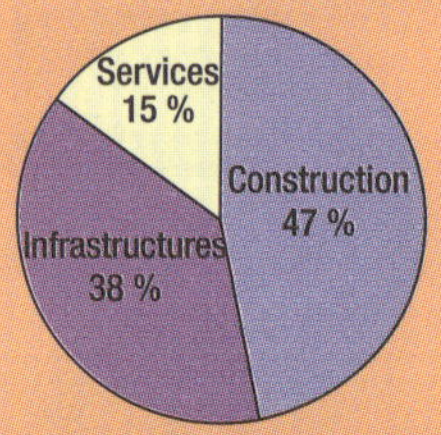

Si les résultats de la société sont en apparence convenables, Laurent Paquot, directeur financier, constate qu'ils restent stables depuis trois ans sur un marché qui connaît, malgré la crise, une croissance de l'ordre de plus de 5 %, en particulier grâce à la construction de logements sociaux dans les

►►►

Della Robbia, faire évoluer la structure

▶▶▶

centres-ville. Il relève également que ses principaux concurrents, qui sont pour la plupart des groupes internationaux (Bouygues, Vinci), connaissent des performances nettement supérieures. L'opération de croissance externe a permis de maintenir la situation financière. En effet, bien que ne représentant que 13 % du chiffre d'affaires, l'activité Services participe pour 42 % au résultat opérationnel.

Della Robbia, une structure familiale

Une forte tradition familiale marque les instances de gouvernance de l'entreprise. Le capital reste détenu à 70 % par l'ensemble des membres de la famille. Les différentes augmentations de capital n'ont pas remis en question ce rapport. Depuis sa création, la présidence du conseil d'administration est tenue par un membre de la famille.

En 1969, Andréa, le fils du fondateur, prend la direction de l'entreprise. On lui doit l'intégration de l'activité Infrastructures. Son fils Lucas, qui lui succède en 2001, sera le maître d'œuvre du rachat de Dolfus Services.

L'organisation actuelle est construite autour du comité exécutif. L'équipe de direction est ainsi composée :

- Lucas Della Robbia, directeur général et membre du comité exécutif ;
- Carla Della Robbia, directrice générale adjointe chargée de la stratégie, membre du comité exécutif ;
- Laurent Paquot, directeur financier, membre du comité exécutif ;
- Jean-Luc Alphan, directeur des ressources humaines ;
- Stéphane Valosio, directeur du développement, membre du comité exécutif ;
- Christian Tostin, directeur délégué au développement chargé de la construction ;
- Henri Colli, directeur délégué au développement chargé des infrastructures ;
- Paul Rossi, directeur délégué au développement chargé des services ;
- Denise Ramin, directrice des activités logistiques et approvisionnement.

Aujourd'hui, le modèle managérial porte encore lourdement l'empreinte familiale. Toutes les décisions stratégiques sont prises par le comité exécutif, qui se réunit deux fois par mois. Il prend les décisions de pilotage et les transmet aux directions, puis aux cadres de la ligne hiérarchique. Les différents responsables fonctionnels disposent d'une autonomie restreinte et doivent obtenir l'aval préalable de la direction. Ce modèle laisse peu de place à l'initiative individuelle.

Les cadres vivent d'ailleurs de plus en plus mal cette organisation très pyramidale. Ils regrettent parfois sa rigidité et les exemples se multiplient de marchés publics importants ratés à cause du manque de réactivité de la structure.

D'autres cadres vont jusqu'à mettre en cause l'organisation actuelle, qui n'intègre pas vraiment l'existence et la nécessaire indépendance des trois pôles d'activité (Construction, Infrastructures et Services). Chaque pôle maîtrise en effet un métier qui lui est propre et devrait pouvoir conduire sa propre stratégie de façon plus autonome.

Annexe

Les codes... de Vinci*

Extrême décentralisation

« Vinci tire sa croissance des 300 000 chantiers qu'il réalise chaque année. Priorité donc à l'opérationnel, priorité au local. C'est pour cela que nous avons mis en place une organisation décentralisée en quelque 2 500 centres de profit », souligne Pierre Coppey, directeur général adjoint de Vinci. À la tête de chacune de ces petites unités, on trouve un patron autonome qui traite ses affaires, dirige ses équipes, gère son budget et décide de sa politique salariale. En province, les élus locaux apprécient de pouvoir passer des contrats avec des entreprises du cru.

Marc Michaux, *www.lexpansion.com*

* Vinci est un groupe intégré dans le BTP, le génie civil et les services associés. Il regroupe plusieurs entreprises en deux entités :
– **Vinci Contracting**, qui réunit toutes les activités de construction d'infrastructures de transport (autoroutes), de réseaux d'énergies, d'aménagements urbains.
– **Vinci Concessions**, qui gère et développe un portefeuille de concessions d'infrastructures de transport et d'équipements publics dans une vingtaine de pays.

Sens de la leçon

La structure de l'entreprise

La structure est une représentation de l'organisation des activités et de la répartition des pouvoirs au sein de l'entreprise.

1 Il existe cinq configurations structurelles

Structure simple	Structure fonctionnelle	Structure divisionnelle	Structure hiérarchico-fonctionnelle	Structure matricielle

H. Mintzberg décrit une configuration structurelle comme un assemblage de cinq composants.

2 Les caractéristiques de la structure

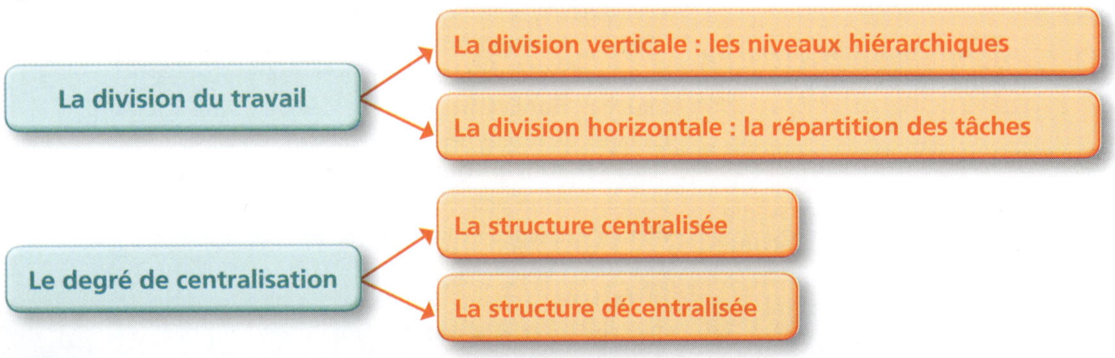

3 Les mécanismes de coordination et de contrôle

Ajustement mutuel	Supervision directe	Standardisation du travail

Les mots-clés

Configuration structurelle – Structure fonctionnelle – Structure divisionnelle – Structure matricielle – Division du travail – Centralisation – Décentralisation – Coordination du travail – Contrôle des activités.

Les auteurs

Henry MINTZBERG (1939 -)	Professeur de management à l'Université de Montréal (Canada). Il appartient à l'école de la contingence.	– Configurations structurelles – Mécanismes de coordination
Masahiko AOKI (1938 -)	Professeur d'université	– Distinction entre la firme H et la firme J

2 Les déterminants du choix de la structure

LE RÉFÉRENTIEL

3. Adapter la structure *(20 heures)*
3.1. Choisir une structure *(11 heures)*

Les compétences attendues	Le plan du chapitre
• Analyser les déterminants du choix de la structure	**I. L'influence de la stratégie sur la structure** **II. L'influence de l'environnement sur la structure** A. La structure mécaniste B. La structure organique **III. L'influence du mode de production sur la structure** **IV. L'influence de la taille et de l'âge sur la structure** **V. L'influence de la culture sur la structure**

Mise en situation

Entretien avec Guillaume Pelégrino, directeur de la société Tata Marie, qui fabrique et distribue des repas à domicile pour les particuliers

« Tata Marie connaît une croissance de son activité : quelles en sont les conséquences pour votre organisation ? »

« L'augmentation de notre taille nous oblige à revoir notre structure en introduisant des échelons hiérarchiques supplémentaires afin de mieux répartir les tâches. »

« Et votre stratégie ? »

« Le choix de diversifier nos activités vers la préparation de déjeuners d'entreprise a conduit à la création d'un poste de responsable commercial. Notre structure simple est désormais plus fonctionnelle. »

« Votre environnement est concurrentiel. Comment intégrez-vous cette variable ? »

« Nous devons impérativement être plus réactifs. C'est pourquoi nous essayons d'assouplir notre fonctionnement en favorisant la circulation et l'échange d'informations entre les services. »

Questions

1. Identifiez les changements opérés dans la structure de l'entreprise Tata Marie.
2. Repérez les facteurs – ou déterminants – à l'origine de ces changements.

I L'influence de la stratégie sur la structure

CAS Accor

DOCUMENT 1 *La stratégie affecte-t-elle la structure ?*

Selon Chandler (1972), la stratégie détermine la structure. Plus précisément, ce sont les choix stratégiques (influencés par les transformations de l'environnement, etc.) qui vont engendrer des modifications sur la structure. L'auteur remarque que non seulement la structure suit la stratégie, mais que lorsque ce n'est pas le cas, l'entreprise rencontre des difficultés. Aujourd'hui, les managers souhaitent être proches des marchés et développer à la fois des approches clients différenciées tout en intégrant des stratégies globales afin de rechercher une masse critique et réaliser des économies d'échelle ou de complémentarité par des alliances ou des fusions. C'est le fameux « *Think global, act local* » ou « glocalisation ». Ainsi, une entreprise qui choisira de se spécialiser adoptera plus favorablement une structure par fonction centralisée. À l'inverse, une stratégie de diversification (lancement de plusieurs produits ou de services différenciés) entraîne le choix d'une structure divisée et décentralisée.

Olivier Meier, *Gestion du changement*, Dunod.

DOCUMENT 2 *La stratégie d'Accor*

ACCOR

Accor, premier opérateur hôtelier mondial, leader en Europe, est présent dans 92 pays avec plus de 3 600 hôtels et 470 000 chambres. Fort d'un large portefeuille de marques, avec Sofitel, Pullman, MGallery, Grand Mercure, Novotel, Suite Novotel, Mercure, Adagio, Ibis, Ibis Styles, Ibis Budget et HotelF1, Accor propose une offre étendue, allant du luxe à l'économique.
Fort de ces atouts, le groupe a pour ambition d'être l'acteur hôtelier mondial le plus innovant, le plus performant et le mieux valorisé.
Accor a dévoilé sa nouvelle feuille de route stratégique permettant la redéfinition de son modèle économique, autour de deux pôles, HotelServices (gestion des hôtels) et HotelInvest (gestion du parc immobilier), pour une meilleure efficacité opérationnelle et une croissance durable.
Cette vision claire et de long terme s'appuie sur une organisation plus simple et plus agile ainsi que sur une structure bâtie pour maximiser la performance opérationnelle et créer de la valeur pour toutes les parties prenantes de l'entreprise.

D'après *www.accor.fr*

DOCUMENT 3 *Organigramme d'Accor*

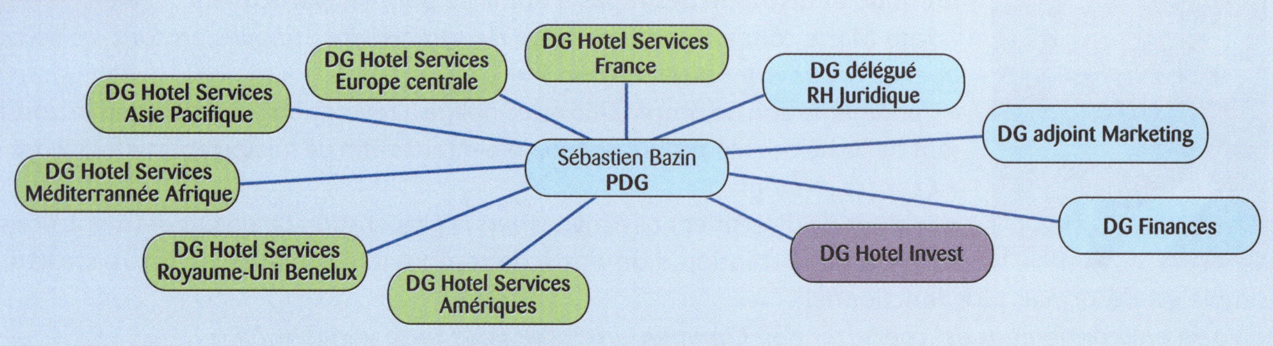

➔ Questions

1. Caractérisez la stratégie du groupe Accor.
2. Caractérisez la nouvelle structure d'Accor.
3. Montrez l'impact de la stratégie sur la structure.
4. En quoi la situation d'Accor illustre-t-elle l'analyse d'Alfred Chandler ?

II L'influence de l'environnement sur la structure

A. La structure mécaniste

CAS Tricotage des Vosges

Document 4 *L'organisation mécaniste*

L'organisation mécaniste décrite par Burns et Stalker résulte de la combinaison de cinq éléments structurels :
- des relations hiérarchiques strictes ;
- une autorité centralisée ;
- des tâches simples et clairement expliquées ;
- une communication verticale reposant sur des règles strictes ;
- de nombreux niveaux hiérarchiques.

Reposant sur les principes des auteurs classiques avec une forte hiérarchie et une autorité centralisée, cette structure convient aux environnements stables et évoluant avec une bonne visibilité.

Document 5 *Le marché des chaussants*

Les industriels du chaussant ne sont pas en train de refaire le monde. Regroupant les produits de collants et de chaussettes, le marché se porte bien. Pour toutes ces raisons, justement. Le chiffre global du secteur, tous circuits confondus, s'élève à 1 milliard d'euros et progresse de 3 %. « Le nombre d'acheteurs repart à la hausse pour la première fois depuis des années ! Le chaussant représente 18 % des volumes et 2,5 % des dépenses d'habillement, de chaussures et d'accessoires en France », analyse Julie Dussaussey, en charge du suivi du secteur pour Kantar Worldpanel. Avec 9,9 unités, le niveau moyen d'achats de collants et de chaussettes reste stable.

www.lsa-conso.fr

Document 6 *Visite de l'usine Tricotage des Vosges*

C'est en 1994 que Jacques Marie reprend cette entreprise au bord de la faillite et fait le choix de la repositionner sur la fabrication de chaussettes haut de gamme et 100 % françaises. Il préside la société depuis cette date, appuyé à la direction générale par François Curé.

C'est au pied du quai de réception des matières premières que Thierry, mécanicien-régleur et guide du jour, accueille le petit groupe de visiteurs. Objectif : une plongée dans l'univers insolite du tricotage des chaussettes, produites par la société Tricotage des Vosges et vendues sous la marque Bleu Forêt.

Il faut cinq minutes pour tricoter une chaussette et trois fois plus de temps pour réaliser un collant. Certains métiers de nouvelles générations assurent également la couture des pointes des chaussettes. Une machine automatique effectue aussi un contrôle aléatoire de conformité dimensionnelle. Au terme d'un périple d'une heure et demie, le visiteur arrive enfin aux dernières étapes de fabrication, couture, pliage, appairage, avant de passer sur la ligne de conditionnement. « Nous disposons d'un outil informatique permettant de gérer les besoins de réassort de nos clients de la grande distribution en temps réel. Nous atteignons un taux de satisfaction supérieur à 96 % », certifie le guide. La visite s'achève dans le hall d'expédition d'où, chaque après-midi, partent plusieurs milliers de paires de chaussettes.

Questions

1. Caractérisez l'environnement de Tricotage des Vosges.
2. Identifiez les modes de coordination et les degrés de division du travail chez Tricotage des Vosges.
3. Montrez que la structure de Tricotage des Vosges est plutôt de type mécaniste.

B. La structure organique

CAS Red Hat

Document 7 *L'organisation organique*

La structure organique est plus évolutive, plus souple. Elle permet une adaptation facile à un environnement instable avec une faible visibilité. Elle se caractérise par six éléments :
- une forte collaboration horizontale entre les membres ;
- des règles peu ou pas formalisées ;
- un organigramme presque plat ;
- une autorité décentralisée ;
- des tâches flexibles et fréquemment redéfinies ;
- une communication informelle.

Document 8 *Différenciation et intégration chez Lawrence et Lorsch*

P.R. Lawrence et J.W. Lorsch ont montré qu'une entreprise doit ajuster sa structure :
- en procédant à la différenciation des unités constituant son organisation pour s'adapter au mieux aux différences de terrain qui apparaissent dans l'environnement ;
- tout en intégrant ces unités pour maintenir une cohérence d'ensemble et une coordination forte ; les mécanismes d'intégration doivent être d'autant plus puissants que la différenciation est poussée.

Management et contrôle de gestion, Dunod.

Document 9 *Red Hat*

Red Hat est un éditeur de logiciels *open source* américain créé en 1993. Le groupe a réalisé un chiffre d'affaires de 1,13 milliard de dollars et un résultat net de 147 millions en 2012*. Il emploie plus de 4 750 salariés et dispose de quelque 70 bureaux répartis dans 33 pays. Red Hat contribue à 299 communautés de projets.
Ouvrir à tous le code de ses programmes, c'est un peu la raison d'être de Red Hat, numéro 1 mondial de l'édition *open source* (système d'exploitation Linux et logiciels attachés). Ce poids lourd commence à faire de l'ombre aux géants du logiciel dit « propriétaire », comme Microsoft ou Oracle, qui, eux, gardent jalousement le secret de leurs recettes.
Le concept de l'*open source* repose sur l'idée que plus les avis sont nombreux, plus on a de chances de trouver la solution. Red Hat a étendu ce principe à son mode de management. L'ensemble des salariés, de l'employé de base au PDG, peut donner son avis par e-mail sur les projets en cours, les pistes de croissance, les méthodes de travail…
Liberté, tel est le maître-mot chez les salariés ! « La plupart peuvent travailler chez eux lorsqu'ils le souhaitent », précise Ranga Rangachari, vice-président et DG de la division Stockage. Ceux qui passent au moins trois jours par semaine sur place disposent de postes permanents, les autres de postes en accès libre. Ils bénéficient de tous les outils pour échanger et suivre l'avancement des travaux où qu'ils se trouvent. « On se sent respecté et impliqué », témoigne Jérôme Fenal. Le sentiment d'appartenance est tel que certains codeurs se sont fait tatouer le logo maison sur le corps !

Management, octobre 2012, © Prisma Media.

* Red Hat a continué à améliorer ses performances en 2013 avec un chiffre d'affaires de 1,33 milliard de dollars, un résultat net de 150 millions de dollars et des effectifs qui dépassent les 6 000 collaborateurs.

Questions

1. Caractérisez l'environnement (partenarial et concurrentiel) de Red Hat.
2. Montrez que Red Hat présente les caractéristiques d'une structure organique.
3. En référence aux recommandations de Lawrence et Lorsch, comment l'efficacité de Red Hat pourrait-elle être renforcée ?

III L'influence du mode de production sur la structure

Document 10 *Type de production et structure*

En 1965, la sociologue britannique Joan Woodward établit que les organisations mettant en œuvre le même type de technologie de production adoptent les mêmes formes de structures : même nombre de niveaux hiérarchiques, même taille d'équipes, même degré de standardisation du travail. S'appuyant sur l'analyse de 92 entreprises, Woodward dégage une dizaine de couplages « technologie/structure ». Elle regroupe ensuite ces combinaisons en trois grandes familles :

a. Les organisations de type production de masse unitaire ou en petites séries : l'éventail de subordination y est étroit (équipes opérationnelles de petite taille) et la division verticale peu prononcée (peu d'étages hiérarchiques).

b. Les organisations de type production en grandes séries : la coordination repose sur une division poussée et formalisée du travail (spécialisation des emplois, étagement hiérarchique) ainsi que sur une importante normalisation des méthodes et des tâches.

c. Les organisations de type production en continu / production automatisée : l'organisation productive atteint ici un haut degré de complexité puisqu'elle doit être à la fois fortement structurée et flexible. Les emplois opérationnels sont assez peu nombreux et regroupés en petites équipes polyvalentes (éventail de subordination étroit). [...] La coordination associe une communication standardisée et formalisée (procédures, tableaux de bord...) et des échanges oraux en situation de travail (ajustements directs).

Document 11 *Deux situations*

La production d'électricité dans une centrale nucléaire doit respecter d'importantes exigences de sécurité. Les équipes, composées essentiellement d'ingénieurs et de techniciens hautement qualifiés, doivent être capables d'assurer une production permanente et modulable tout en gardant la possibilité d'intervenir en cas de situation imprévue exigeant une prise de décision rapide et en respectant les procédures définies.

Les équipes se succèdent à Toulouse pour assembler les morceaux du nouvel Airbus A350 acheminés dans le hangar de 3 500 m² par cargo spécial. Vient ensuite l'installation du train d'atterrissage et des supports de réacteurs. Il peut alors être déplacé et rejoindre deux autres avions en phase de finition. Des plateformes sont installées à plusieurs niveaux pour permettre aux équipes spécialisées et autonomes de travailler simultanément sur les phases d'équipement intérieur ou de motorisation.
Au final, il aura fallu trois semaines pour en arriver au contrôle qualité. L'appareil s'envolera ensuite pour Hambourg afin d'y être aménagé et peint.

Questions

1. Qualifiez les modes de production à l'œuvre dans les deux situations.
2. Montrez l'intérêt d'une structure organique dans la gestion d'un réacteur nucléaire.
3. Quelle est l'utilité d'une organisation en équipes autonomes dans l'assemblage d'un Airbus ?
4. Indiquez le lien qui peut s'établir entre le mode de production et la structure de l'entreprise.

IV L'influence de la taille et de l'âge sur la structure

CAS Acome

Document 12 *L'influence de la taille*

Si on observe toutes les formes de structures dans des organisations de taille et d'âge divers, une association logique taille-structure est souvent observée. En effet, une entreprise grandissante devra à un moment donné de sa croissance s'adapter et donc modifier sa structure. Par exemple, l'augmentation de la taille de l'entreprise peut entraîner une plus forte décentralisation des décisions (en raison de l'augmentation du nombre de niveaux hiérarchiques), le développement de services spécialisés, une division importante du travail, la création de postes de liaison, une augmentation du contrôle, un organigramme plus complexe, etc.

Olivier Meier, *Gestion du changement*, Dunod.

Document 13 *Les âges de l'entreprise*

Une entreprise jeune est centrée sur la personnalité de son fondateur. La structure est simple et faiblement hiérarchisée. Le développement se fait le plus souvent par tâtonnement
En vieillissant, l'entreprise va développer ses implantations au niveau géographique. La structure va se formaliser tout en restant centralisée. On voit apparaître des structures hiérarchico-fonctionnelles.
Le développement de l'entreprise va la conduire à se diversifier en termes de produits ou de marchés (internationalisation). Elle pratique des opérations de croissance interne ou externe. La structure se décentralise et évolue vers des formes divisionnelles.

Document 14 *Acome, histoire d'une SCOP devenue internationale.*

Créée en 1932, Acome s'est d'abord spécialisée dans la fabrication de câbles électriques pour le téléphone. La société s'est ensuite diversifiée en approvisionnant l'industrie automobile en câbles antiparasites. Nous sommes en 1960.
Dans les années 1970, Acome investit dans un accélérateur d'électrons qui lui permet de créer son propre centre de Recherche & Développement. C'est également à cette époque qu'Acome ouvre un service exportation.
En 1981, Acome élargit son offre de produit en proposant des planchers chauffants pour l'industrie du bâtiment.
À partir des années 1990, Acome renforce son ouverture internationale en ouvrant des filiales en Europe (Allemagne, Italie), en Chine, au Brésil et en Russie.
En 2000, Acome intègre le fibrage optique dans ses activités. Il en est devenu depuis l'un des leaders mondiaux.
Avec 384 millions d'euros de chiffre d'affaires dont 59 % à l'international, Acome est en train de devenir un leader au niveau mondial reconnu dans le câblage de haute technicité.

Document 15 *Organigramme de la société Acome*

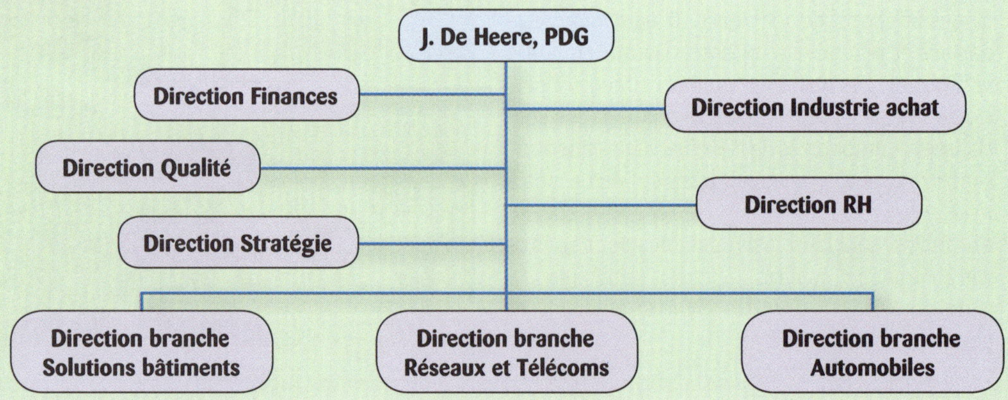

→ Questions

1. Mettez en évidence les différentes étapes de la croissance d'Acome.
2. Qualifiez la structure d'Acome et montrez qu'elle reflète les tendances décrites dans le document 13.
3. Quelles sont les évolutions structurelles envisageables pour tenir compte de l'augmentation de la taille de l'entreprise ?

V L'influence de la culture sur la structure

CAS Culture française *versus* culture allemande

Document 16 *Les caractéristiques de la culture nationale*

Différentes caractéristiques culturelles, en se combinant, agissent sur la structure.

Ces caractéristiques sont les suivantes :

– la **distance hiérarchique** (*Power Distance Index, PDI*) mesure la perception que le subordonné a du pouvoir de son supérieur. Cette distance est plus ou moins bien acceptée. Quand cet indice est fort, l'entreprise va privilégier des coordinations par supervision directe ;

– l'**individualisme** (*IDV*) s'oppose à la collectivité. Plus les sociétés se développent, plus les valeurs d'individualisme se renforcent. Dans ce cas, les membres d'une entreprise vont plus facilement accepter les responsabilités et préférer le « je » au « nous » ;

– la **masculinité** (MAS) s'oppose à la féminité. Hofstede compare des valeurs de succès et de réussite (plutôt masculines) à des valeurs de recherche de bien-être et d'entraide (plutôt féminines) ;

– le **contrôle de l'incertitude** (*Uncertainty Avoidance Index, UAI*) renvoie à la façon dont les membres d'une société contrôlent le risque et l'anxiété qui en découle. Quand le contrôle est faible, les individus ont tendance à se sentir en sécurité (anxiété faible). Inversement, quand le contrôle est élevé, les individus éprouvent le besoin d'anticiper. Les institutions doivent créer les conditions de sécurité. Dans ce dernier cas, les entreprises ont tendance à préférer des structures fortement hiérarchisées.

Document 17 *Les dimensions culturelles française et allemande*

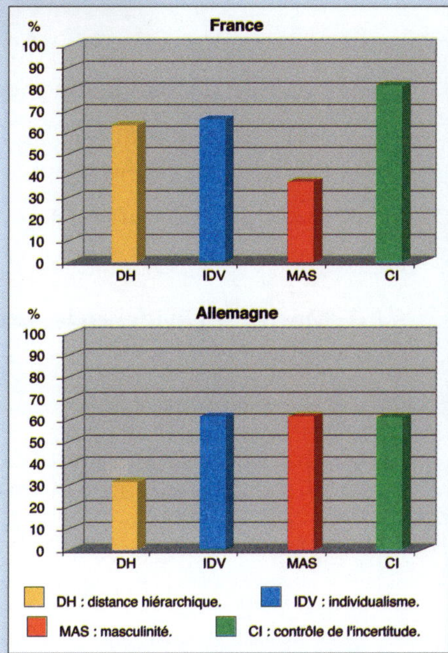

Document 18 *Négocier à la française ou à l'allemande*

Tandis que les négociations à la française peuvent sembler superficielles ou même évasives à un Allemand, la façon allemande d'aborder les enjeux de manière directe peut donner l'impression au partenaire français d'un manque de sympathie, de chaleur et même de confiance.

Après avoir franchi ce premier obstacle, il s'agit de cerner l'esprit de fonctionnement au sein d'une entreprise. Si en France on a tendance à respecter l'autorité et à contester les règles, en Allemagne on conteste l'autorité mais on respecte les règles. Cela dit, en pratique : en France, c'est le chef lui-même qui prend les décisions importantes et qui laisse pourtant au personnel l'espace à l'improvisation, tandis qu'en Allemagne on ne change plus rien à une décision qui a été trouvée en communauté.

www.connexion-emploi.com

Document 19 *La communication à la française ou à l'allemande*

Les Allemands laissent leurs interlocuteurs parler et attendent qu'ils aient terminé, pour pouvoir répondre. Les Français, quant à eux, interrompent souvent leurs interlocuteurs – c'est culturel. Les Allemands apprécient peu ce genre de comportement qu'ils interprètent comme un manque de respect ou d'intérêt.

Les Allemands au travail se saluent entre collègues par une poignée de main, signe de reconnaissance et de respect mutuel. On s'exprime de façon formelle en disant « Bonjour Monsieur Muller ». En France, la poignée de main marque de la distance et constitue un signe de hiérarchie. On s'adresse à ses collègues de façon moins formelle en utilisant le prénom ou en disant « Bonjour Monsieur » s'il s'agit d'un supérieur hiérarchique.

D'après *www.xpotentiel.fr*

Questions

1. Expliquez comment la distance hiérarchique est marquée en France et en Allemagne.
2. Quelles sont les conséquences de ce trait culturel sur la structure de l'entreprise ?
3. Identifiez les autres caractéristiques culturelles distinguant la culture allemande et la culture française.

Cas d'entreprise

Les compétences attendues
- **Identifier le type de structure d'une entreprise et dégager ses caractéristiques.**
- **Analyser les déterminants du choix d'une structure.**

Questions

Après avoir pris connaissance du cas Accentel et des ressources proposées, réalisez une étude en répondant aux questions suivantes.

I. Analyse de la situation de l'entreprise

1. Réalisez un rapide diagnostic de l'environnement.
2. À partir de l'analyse d'A. Chandler, présentez l'impact de la stratégie sur la structure de l'entreprise Accentel.
3. Identifiez les autres facteurs ayant un impact sur la structure d'Accentel.

II. Identification du problème de management

4. Mettez en évidence le problème structurel résultant du rapprochement des deux entités.

III. Proposition de solutions

5. Montrez que la structure divisionnelle choisie par la nouvelle équipe de direction est plus cohérente avec la situation de l'entreprise.

Le dossier comprend
- Le cas Accentel
- Une ressource documentaire :

Annexe Siemens, une structure divisionnelle au service d'une diversification réussie

Le cas Accentel

Accentel, un leader des infrastructures télécoms

Accentel est une société française spécialisée dans les réseaux de télécommunication. Son activité consiste à installer et gérer des réseaux haut débit fixes et mobiles. Le développement de la 3G puis de la 4G a contribué à l'augmentation de la demande adressée à Accentel par ses principaux clients que sont les sociétés de télécommunication, les fournisseurs d'accès Internet et les grandes administrations.

Accentel est présent dans plus de 100 pays et réalise un chiffre d'affaires de 15 milliards d'euros qui se répartit à parts égales entre l'Europe, l'Amérique du Nord et l'Asie.

2009, une fusion difficile des cultures

En 2009, Claude Ostrak, président de Netel, se rapproche de son homologue américain Accent. Accentel est né de la fusion de ces deux sociétés et permet au nouveau groupe une présence forte sur les deux principaux marchés mondiaux : l'Europe et l'Amérique du Nord. Une nouvelle équipe de direction se met en place : Claude Ostrack occupe désormais le poste de président du conseil d'administration d'Accentel et Helen Krall quitte ses fonctions de présidente d'Accent pour devenir la directrice générale du nouveau groupe.

Mais, bien vite, cette opération, si pertinente sur le papier, va montrer ses limites en raison des difficultés à faire travailler ensemble des dirigeants et des équipes qui incarnent deux cultures différentes. D'un côté, une présidence française très attachée au respect de la hiérarchie, acceptant mal la critique, communiquant par notes écrites internes et soucieuse en permanence d'anticiper les transformations de l'environnement et organisant d'interminables réunions prospectives. De l'autre côté, un management « à l'américaine », très réactif, au sein duquel tout le monde se tutoie, privilégiant la communication orale. Les réunions de travail sont courtes, fixent des objectifs et renvoient chacun à sa tâche.

►►►

Accentel, une structure sous influence

▸▸▸

Accentel, une stratégie à contre-courant ?

Plus gravement, cette opposition de cultures va se traduire dans les orientations du groupe. Le président élabore une stratégie de spécialisation dans les infrastructures réseaux terrestres. Ce choix le conduit à se désengager progressivement d'activités dans le domaine spatial mais également dans le domaine de la sécurité et dans le domaine des composants électriques. Il privilégie une structure mécanique et crée de nouveaux échelons hiérarchiques, alourdissant ainsi la structure de base de la société.

Chargée de l'organisation générale, Helen Krall choisit de répartir l'activité d'Accentel en deux zones géographiques : l'Europe et l'Amérique du Nord.

Les analystes financiers s'interrogent sur ces choix. En effet, cette nouvelle structure revient à la situation d'avant la fusion.

Par ailleurs, le marché des télécoms connaît un double mouvement :

– d'importantes opérations de concentration exercent une forte pression à la baisse sur les prix, ce qui réduit les marges ;

– de nouveaux concurrents émergent en Asie (ZTE, Huaweï) sur des marchés en forte croissance où Accentel est peu présent.

Ces mouvements créent une forte incertitude et accentuent la complexité de ce marché.

2014, Les actionnaires reprennent la main !

C'est en début d'année 2014 que les actionnaires, inquiets de la chute de la valeur du titre, vont mettre fin à cette guerre des chefs qui met l'entreprise en difficulté. La solution est radicale. Les deux dirigeants sont remerciés et une nouvelle direction est mise en place autour de Paul Jarreth, qui déclare : « Je veux diriger un groupe de taille mondiale et non gérer un *joint-venture* », marquant ainsi sa différence avec la précédente équipe.

Après quelques semaines d'observation, il propose une nouvelle stratégie adossée à quatre pôles : les infrastructures réseaux resteront le métier historique, les activités de *services* (entretien et développement des réseaux) seront regroupées en une seule entité, et une nouvelle activité logiciels sera créée pour répondre aux attentes nouvelles des clients. De plus, l'ensemble des activités de recherche sera réuni en Inde dans Accentel Innovation, un laboratoire qui devrait profiter de la croissance du marché asiatique.

La structure est également modifiée. Outre les trois pôles, les activités sont partagées en trois régions : Europe, Amérique et Asie.

Enfin, la structure est allégée : une équipe de direction renforcée autour d'un comité exécutif élargi (il passe de quatre à sept personnes) et une réduction des niveaux hiérarchiques qui passent de sept à quatre.

Annexe

Siemens, une structure divisionnelle au service d'une diversification réussie

Synonyme d'innovation, d'écoute du client et de compétitivité globale, le nom de Siemens est présent dans le monde entier. Un portefeuille d'activités extrêmement diversifié est le garant de sa solidité. La force de cette offre unique tient à l'exploitation systématique des synergies existantes. Le groupe Siemens est présent dans quatre grands secteurs de l'industrie et des services :

- l'énergie : production et distribution d'énergies fossiles et d'énergies nouvelles (solaire, éolien, hydroélectricité) ;
- le médical : équipements hospitaliers, imagerie médicale ;
- l'industrie : automates industriels, transport ferroviaire, équipements électroniques ;
- les infrastructures et la ville : technologies de construction, transport urbain, électricité, éclairage.

Sens de la leçon

Les déterminants du choix de la structure

1 La structure d'une entreprise est influencée par la stratégie.

2 La structure d'une entreprise est influencée par l'environnement de l'entreprise.

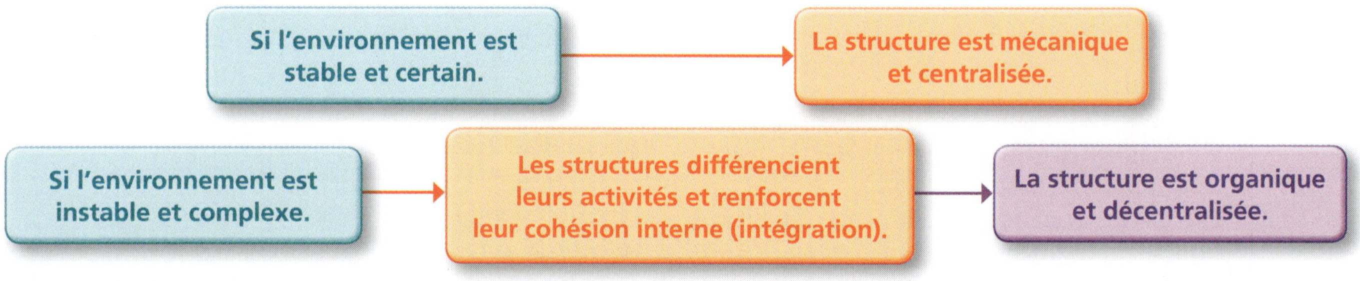

3 La structure est influencée par de nombreux autres facteurs :

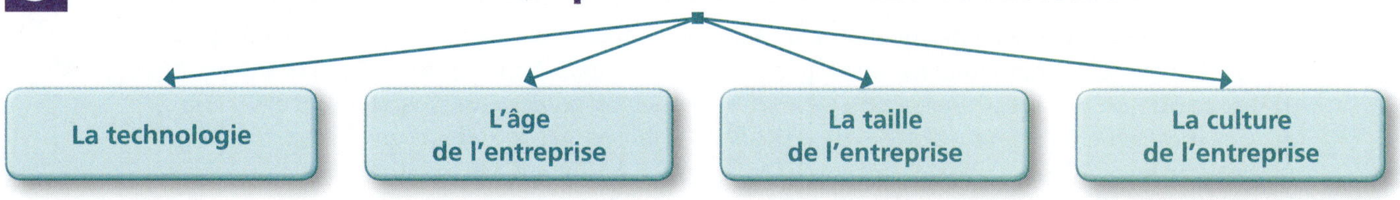

Les mots-clés

Facteurs de contingence – Structure mécaniste – structure organique.

Les auteurs

Alfred CHANDLER (1918-2007)	Historien et économiste américain	Lien entre la stratégie et la structure de l'entreprise en s'appuyant sur des recherches historiques portant sur les grandes entreprises
P. R. LAWRENCE et J. W. LORSCH	Professeurs de management à la Harvard Business School	Lien entre structure et environnement en mettant en évidence les mécanismes d'intégration et de différenciation
Joan WOODWARD (1916 – 1971)	Sociologue anglaise	Lien entre le mode de production et la structure

3 Les configurations flexibles

LE RÉFÉRENTIEL

3. Adapter la structure *(20 heures)*
3.2. Faire évoluer la structure *(11 heures)*

Les compétences attendues	Le plan du chapitre
• Identifier une structure flexible et analyser les causes de sa mise en œuvre	**I. Les structures flexibles** A. L'entreprise en réseau B. L'entreprise en processus C. L'entreprise en projet
• Montrer l'incidence des choix stratégiques et de l'évolution de l'environnement sur l'adaptation des structures	**II. Les nouvelles frontières de l'entreprise**

Mise en situation

Vous commencez un stage dans l'entreprise de prêt-à-porter Unitex. Le responsable du service Logistique qui vous accueille vous présente la cartographie de l'entreprise et de ses multiples partenaires :

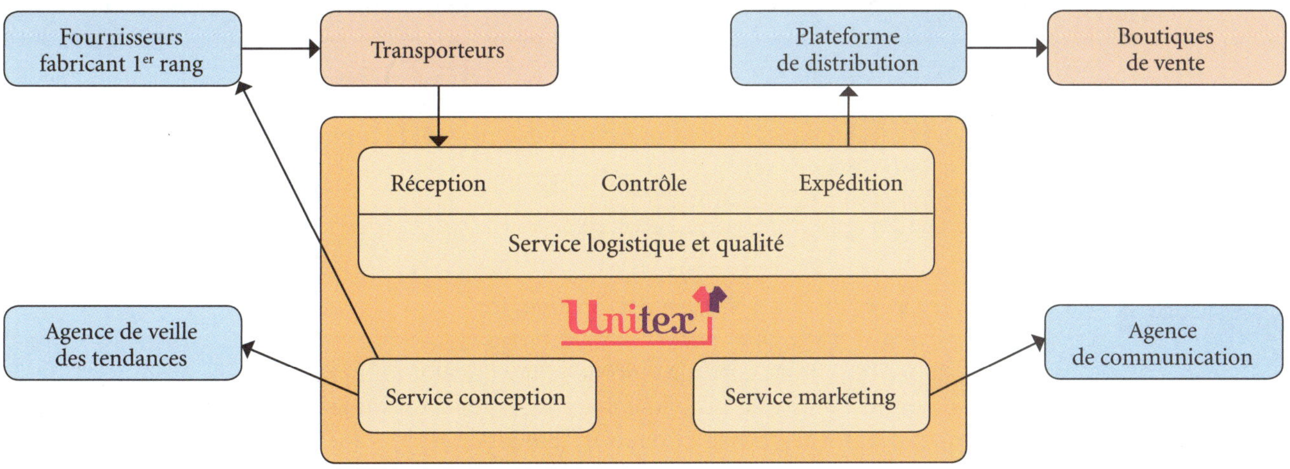

Questions

1. Quelles sont les principales activités d'Unitex ?
2. Quelles sont les fonctions des principaux partenaires formant le réseau Unitex ?
3. Quel est l'intérêt pour Unitex d'organiser ses activités en réseau ?
4. Quels sont les risques que présente une telle organisation ?

I Les structures flexibles

A. L'entreprise en réseau

CAS Nature & Découvertes

Document 1 *Les caractéristiques de l'entreprise en réseau*

Pour des raisons économiques (réduction des coûts), technologiques ou stratégiques (meilleure gestion des risques), les entreprises sont amenées à nouer des alliances et à travailler de façon coopérative sur des projets communs, formant ainsi un réseau.
L'entreprise en réseau présente trois caractéristiques :
– son architecture s'appuie en général sur une ou deux entreprises pilotes qui centralisent et distribuent les informations ;
– un maillage de sous-traitants liés contractuellement avec des relations privilégiées avec l'entreprise pilote. L'efficacité du réseau repose sur la qualité de ce réseau social ;
–un ensemble d'acteurs périphériques (cabinets de conseil, prestataires logistiques, etc.) qui participent à la fluidité des relations dans le réseau.

Document 2 *Nature & Découvertes encourage ses fournisseurs à innover*

En 2009, 70 % des 182 millions d'euros de ventes de l'enseigne ont été réalisés avec des sociétés partenaires du distributeur depuis plus de cinq ans. Étonnant quand on sait que Nature & Découvertes renouvelle chaque année près du tiers de ses 3 000 références. Sans soutien, les 450 entreprises, essentiellement des PME, qui alimentent les 75 magasins en livres, jeux, cosmétiques et produits de bien-être auraient du mal à suivre ce rythme.
Nature & Découvertes a donc mis en place une politique d'accompagnement de ses partenaires, qui peut prendre des formes variées : collaboration avec un cabinet de *design*, avance de trésorerie pour l'acquisition de matières premières coûteuses, aide technique… « Nos fournisseurs connaissent nos exigences en termes de qualité et d'originalité des produits. De notre côté, nous avons une bonne vision de leurs capacités », explique Jacques Bazet, le directeur des achats de l'enseigne, qui chiffre cet investissement à quelques dizaines de milliers d'euros par an.
Cette collaboration peut aussi prendre la forme d'une assistance technique. La mise au point l'an dernier d'un réveil diffuseur d'huiles essentielles avec l'américain Oregon Scientific en est une bonne illustration. « Nous vendions déjà les stations météo de cette entreprise, raconte Jacques Bazet. Lorsque nous avons eu besoin de produits de bien-être technologiques, nous leur avons logiquement proposé de les fabriquer pour nous. » Nature & Découvertes a apporté au fabricant son expertise sur les huiles essentielles et sur les diffuseurs. Et il l'a aidé à déterminer le meilleur positionnement prix. En échange, Oregon Scientific lui a garanti l'exclusivité du produit en France.

Capital, janvier 2014.

Document 3 *La charte partenariale chez Nature & Découvertes*

Nature & Découvertes a élaboré un outil d'amélioration de la qualité environnementale des produits. L'outil invite chaque fournisseur à répondre à un questionnaire de 25 à 40 questions sur leur produit. Ce questionnaire permet ensuite d'obtenir un indice de performance environnementale du produit sur les 5 étapes de son cycle de vie (matières premières, fabrication, transformation, distribution, fin de vie). Chefs de produits et fournisseurs de l'entreprise peuvent alors travailler ensemble à l'amélioration du produit.

www.natureetdecouvertes.com

Questions

1. Identifiez les différents composants formant le réseau de Nature & Découvertes.
2. Mettez en évidence les atouts de cette structure en réseau pour l'entreprise qui pilote et pour les partenaires.
3. Montrez que la charte partenariale contribue à la consolidation du réseau.

B. L'entreprise en processus

CAS Amazon

Document 4 *Le processus*

Un processus est un « ensemble d'activités corrélées ou interactives qui transforme des éléments d'entrée en éléments de sortie » (ISO 9000 DIS), c'est-à-dire un ensemble d'activités qui se combinent et interagissent pour fournir un produit destiné à un client au sens large (interne ou externe à l'organisation).

www.educnet.education.fr, n° 17, mai 2003.

Document 5 *Le reengineering*

Le *reengineering* est une redéfinition radicale des processus opérationnels (série d'activités qui, ensemble, produisent un résultat ayant une valeur pour un client), pour réaliser des gains spectaculaires dans les performances (réduction des coûts, amélioration du service client).

Document 6 *Le processus de commande chez Amazon, vendeur de produits culturels en ligne*

1. Le client passe la commande : il choisit le produit et clique sur le bouton « Passer la commande » (ou sur le bouton « 1-clic »).
2. Les informations concernant la commande sont traitées par Amazon. La commande est maintenant en attente et Amazon retire l'article du stock du vendeur.
3. Amazon retient la commande pendant 30 minutes.
4. Amazon vérifie la commande, le mode de paiement du client et les détails de la commande.
5. Amazon envoie un e-mail de notification au vendeur.
6. Le vendeur traite et confirme la commande par le biais de l'outil « Gestion de vos commandes ».
7. Le vendeur expédie la commande et confirme l'expédition à Amazon.
8. Amazon transfère le paiement de la commande au vendeur.
9. Le client reçoit la commande.
10. Amazon invite l'acheteur à évaluer le service fourni par le vendeur.

Document 7 *Amazon réinvente la distribution*

Amazon cherche en permanence la maîtrise de l'ensemble de la chaîne de valeur du e-commerce. Mais avec une démarche bien particulière. Lorsqu'il a absolument besoin d'un maillon de cette chaîne de valeur pour sa stratégie, et qu'aucun autre industriel de l'écosystème ne le propose, il comble lui-même le vide. Au milieu de la décennie 2000, Amazon réunit quelques ingénieurs au sein d'une cellule qu'il nomme Lab126. Leur cahier des charges : concevoir une liseuse, simple mais conviviale, qui donne envie d'acheter des livres. « Certes, Amazon perd quelques dollars pour chaque liseuse vendue. Mais cette gamme est en réalité un dopant de ses ventes en ligne de livres, de musique, de vidéos, etc. », insiste Cyril Vart, associé chez Faber Novel, conseil en innovation numérique. Faut-il préciser qu'à la livraison, la tablette arrive directement paramétrée avec le compte Amazon de son acheteur.

Emmanuelle Delsol, *www.usinenouvelle.fr*, 9 janvier 2013.

Questions

1. Présentez les étapes du processus de commande chez Amazon.
2. Montrez que la création de la liseuse a été possible grâce à une analyse en termes de processus.
3. Indiquez les bénéfices de cette organisation pour Amazon.
4. En quoi cette façon de structurer l'activité s'apparente-t-elle à du *reengineering* ?

C. L'entreprise en projet

CAS Vente-privee

Document 7 *Le projet*

L'Association francophone de management de projet (AFITEP) propose une définition : « *Le projet est un ensemble d'actions à réaliser avec des ressources données, pour satisfaire un objectif défini, dans le cadre d'une mission précise, et pour la réalisation desquelles on a identifié non seulement un début, mais aussi une fin.* »
Un projet est donc généralement caractérisé par :
1. Un ensemble d'actions coordonnées faisant appel à diverses compétences et ressources pour atteindre un but.
2. La satisfaction d'un besoin spécifique particulier (par opposition à une production de série).
3. Un objectif autonome, en ce sens qu'il y a un début et une fin.
4. Généralement, une innovation, du moins partielle, qu'elle soit technique, dimensionnelle ou géographique.
5. En outre, un projet présente le plus souvent une certaine complexité et fait intervenir des disciplines multiples, étrangères les unes aux autres, dont il faut coordonner les activités parfois contradictoires.

Organisation et management par projet, www.anact.fr.

Document 8 *Les structures par projet*

Le management par projet peut s'intégrer dans une structure matricielle classique. Les responsables de projet (P1 et P2) organisent et pilotent leurs équipes de projet, mais les équipiers restent sous la responsabilité hiérarchique de leur division d'appartenance. Un fois le projet terminé, chaque équipier réintègre sa division d'origine. →

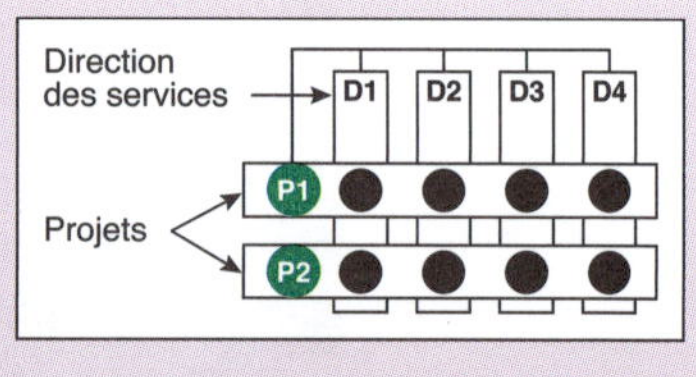

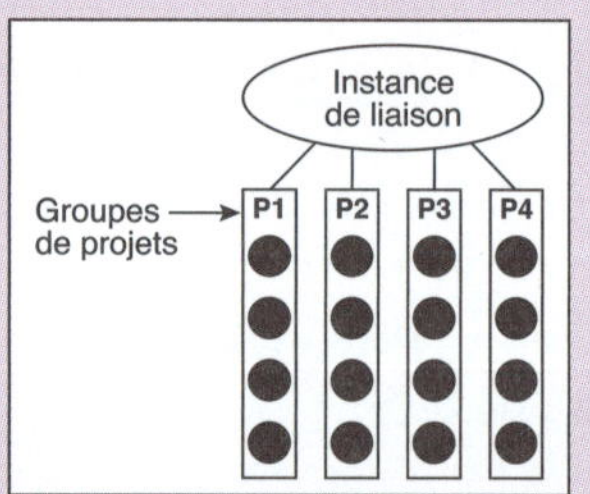

Mais l'organisation peut aussi se structurer complètement autour des projets. Tous les opérateurs interviennent dans le cadre de leur projet de rattachement. Une instance de liaison assure la cohérence de l'organisation et la gestion de services généraux communs. Une fois le projet terminé, les opérateurs doivent intégrer d'autres projets. ←

Document 9 *Chez vente-privee, chaque vente est un évènement*

Si vente-privee.com ne s'embarrasse pas de stocks – les marchandises ne lui sont livrées qu'après la vente –, l'organisation d'un évènement prend tout de même trois à quatre semaines. Un rôle dévolu aux quelque 200 responsables des ventes. Rassemblés à l'étage, ces jeunes chefs d'orchestre, tout droit sortis d'écoles de commerce, occupent un vaste *open space* non loin du département commercial. Un aménagement en plateaux conçu pour faciliter la circulation des salariés et, surtout, les échanges. Penchée sur son écran, Marion finalise la mise en ligne de 900 références d'un célèbre horloger français. Chargée du secteur lingerie, bijoux et montres, elle gère trois ou quatre ventes par mois. Pour chacune, elle monte une équipe réunissant un commercial, un responsable *shooting*, un webmaster, un chargé de logistique et un conseiller relation client. « Je coordonne l'ensemble des opérations (fiches produits, photos, *pricing*) liées à la préparation de l'évènement, qui va durer cinq jours. Je suis surtout en contact constant avec le client pour traduire sur notre site l'univers de son produit. »

Management, octobre 2014.

→ Questions

1. Analysez la composition d'une équipe projet chez vente-privee.
2. Mettez en évidence les compétences requises du chef des ventes, assimilable à un chef de projet.
3. Caractérisez le type de structure de projet dominant chez vente-privee.
4. Quel est l'intérêt pour vente-privee d'opter pour une organisation projet ?

II Les nouvelles frontières de l'entreprise

CAS H&M

Document 10 *Vers une entreprise sans frontières*

On entend parler d'entreprise élargie ou d'entreprise étendue. Ces expressions montrent que les frontières classiques de l'entreprise, considérée comme une entité homogène de production, sont de plus en plus floues.
Désormais, avec le développement des réseaux sociaux et des nouveaux outils numériques, l'entreprise se trouve au cœur d'un écosystème dans lequel divers acteurs (clients, fournisseurs, salariés, etc.) participent tous à un projet commun.
L'internationalisation conduit à la décentralisation des centres de décision, à la délocalisation des lieux de fabrication et à des formes de distribution multicanale.
Les outils numériques conduisent au développement du travail à distance avec les salariés et les partenaires. Ils facilitent les opérations de contrôle rendues indispensables pour assurer la qualité due au client.
Les consommateurs sont associés en amont de la fabrication et en aval pour valider la qualité du service rendu.
Cette dématérialisation de l'entreprise s'inscrit finalement dans une logique de développement plus pérenne. Elle permet à chaque acteur de se centrer sur sa compétence fondamentale et, grâce à la coopération, de bénéficier du meilleur de ses partenaires.

Document 11 *H&M, de l'idée au magasin*

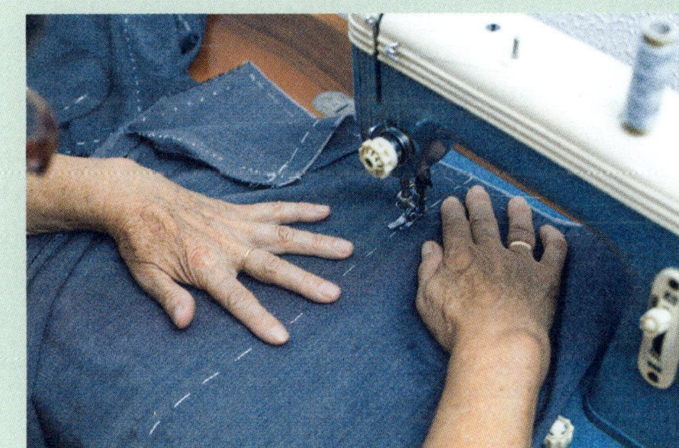

Le département *Design* de H&M rassemble 160 *designers* internes et 100 modélistes, ainsi qu'un certain nombre d'assistants *design* et de *designers* graphistes. H&M est à la fois importateur et détaillant ; nous nous devons donc de choisir avec soin les modalités des différentes liaisons entre les usines et nos magasins.
Nous consacrons des ressources significatives à notre effort en faveur du développement durable au sein de notre chaîne d'approvisionnement.
H&M ne possède aucune usine ; nos produits proviennent de fournisseurs indépendants, principalement implantés en Asie, en Afrique et en Europe. Ces fournisseurs fabriquent nos articles, ils se chargent généralement de l'approvisionnement en tissu et autres éléments nécessaires à la fabrication de ces articles.
Les bureaux de production H&M sont implantés dans nos marchés d'approvisionnement. Ils sont nos principaux points de contact avec nos fournisseurs locaux, et traitent avec eux de la planification et des questions pratiques en lien avec nos commandes.
Nous disposons d'une équipe d'environ 80 personnes dont la mission consiste à auditer, à l'aune de notre code de conduite, les conditions de travail en vigueur dans les usines de nos fournisseurs.

www.hm.com

Questions

1. Identifiez les partenaires externes et internes de H&M.
2. Montrez que la chaîne de valeur de H&M illustre l'effacement des frontières de l'entreprise.
3. Quel est le rôle des nouvelles technologies dans l'efficacité de cette organisation ?
4. Indiquez les points forts et les limites de cet effacement des frontières.
5. Quel est l'impact de cet effacement des frontières sur la structure de l'entreprise ?

Cas d'entreprise

Les compétences attendues

- Identifier une structure flexible et analyser les causes de sa mise en œuvre.
- Montrer l'incidence des choix stratégiques et de l'évolution de l'environnement sur l'adaptation des structures.

Questions

Après avoir pris connaissance du cas Starlight et des ressources proposées, réalisez une étude en répondant aux questions suivantes.

I. Analyse de la situation de l'entreprise

1. Montrez que Starlight présente les caractéristiques d'une entreprise en réseau.
2. En vous appuyant sur l'analyse de Porter, présentez la chaîne de valeur de Starlight.

II. Identification du problème de management

3. Identifiez le problème de management rencontré par Starlight et recherchez ses causes.

III. Proposition de solutions

4. Les solutions envisagées vous semblent-elles cohérentes avec le modèle managérial de Starlight ? Quels inconvénients présentent-elles ?

Le dossier comprend

- Le cas Starlight
- Une ressource documentaire :

Annexe B2B ou B2C ?

Starlight

Le cas Starlight

Starlight, une histoire lumineuse !

C'est au cours d'un voyage aux États-Unis en 1991 que Patrick Misagh découvre la technologie des leds. Cet entrepreneur tient là son idée, à condition de pouvoir les fabriquer. La solution, il la trouvera lors de son second voyage et d'une rencontre qui va lancer son projet. C'est en effet en Chine qu'il se rend en 1992, dans la région de Guangzhou. Alain Vermaglia, ingénieur français indépendant, est à la tête d'un bureau d'études. Il met en relation des entrepreneurs français avec des industriels chinois. L'idée de Patrick Misagh le séduit. Il se charge dans son usine de la conception et de la fabrication des appliques lumineuses à leds pour un prix de revient moyen de 4 euros. Sur le marché européen, ces articles se vendent entre 15 et 49 euros. Les deux compères vont s'associer et donner naissance à Starlight. Ils ne se quitteront plus.

Le premier client séduit par cette nouvelle technologie sera Bricorama, mais, bien vite, les grandes enseignes de bricolage viennent étoffer le portefeuille clients.

Patrick Misagh aurait pu s'arrêter là, mais la rapide diffusion de la technologie leds fait émerger de nouveaux concurrents et oblige à une guerre des prix dévastatrice. Ensuite, la multiplication des normes européennes dans le domaine de la sécurité électrique rend plus complexe l'entrée sur le territoire des produits importés de Chine. Enfin, l'excellence des relations avec ses clients partenaires lui permet de bien identifier les attentes des particuliers, ce qui constitue un avantage concurrentiel important.

De la lumière à la fraîcheur

Starlight lance en 2001 un second projet : la fabrication de climatiseurs portatifs. C'est la société chinoise d'Alain Vermaglia qui se charge de la conception, en lien ▸▸▸

Starlight, un réseau de PME

▶▶▶

étroit avec les exigences formulées par les entreprises de bricolage qui vont le distribuer : un produit simple à installer (pas d'intervention technique), un prix raisonnable (moins de 600 euros) et, pour contrer la mauvaise image du produit « *made in China* », une garantie de cinq ans. Le produit est un succès, bien aidé par les périodes de forte chaleur estivale.

Dès lors, les projets vont se multiplier autour de Starlight afin de répondre aux besoins des clients. Outre l'usine et le bureau d'étude situé en Chine, quatre sociétés vont naître :

– une société chargée du contrôle technique et qualité des produits afin de permettre leur entrée sur le territoire européen ;

– une société de marketing pour concevoir le packaging et les catalogues des partenaires ;

– une société de service après-vente pour tenir l'engagement de garantie cinq ans ;

– un centre d'appels qui va recevoir les réclamations des particuliers et organiser les interventions des techniciens en cas de panne importante.

Starlight, une organisation en réseau

Chaque fois, Patrick Misagh a adopté la même recette : une société qui dispose d'un client principal qui assure une rentabilité rapide de l'activité, mais une obligation de recherche de nouveaux clients pour assurer son indépendance financière. Toutes ces sociétés forment désormais un réseau d'entreprises indépendantes qui peuvent prendre des risques sans mettre en danger l'ensemble de l'édifice tout en bénéficiant du support logistique de Starlight en cas de besoin.

Aujourd'hui, Patrick Misagh est confronté à une situation nouvelle : les grandes enseignes, principaux partenaires, envisagent de s'approvisionner directement en Chine. Ce changement stratégique romprait le lien privilégié de l'entreprise et remettrait en cause le modèle de Starlight. Le dirigeant envisage de créer un site Internet pour promouvoir ses produits.

Ce changement dans les relations commerciales constitue une réelle difficulté : le dirigeant était habitué à travailler dans une relation entre entreprises (B to B), il va devoir désormais passer au B to C.

ANNEXE

B2B ou B2C ?

Le B2B (*Business to Business*) est un ensemble de relations commerciales entre deux entreprises. On le rencontre parfois sous la mention « commerce interentreprises ». Les relations B to B se déroulant entre professionnels, elles ne portent pas sur les mêmes variables ni les mêmes facteurs que les relations B to C (*Business to Consumer*), même si le prix est devenu un critère essentiel en raison d'une certaine généralisation de la qualité. Wolfgang Ulaga et Andreas Eggert rappellent que : « La valeur perçue par un client est communément définie comme un rapport entre les bénéfices (ce qui est reçu) et les sacrifices (ce qui est donné) dans un échange de marché […]. Dans le domaine du marketing B2B, ce rapport existe également, mais il est souvent particulièrement complexe dans la mesure où les entreprises recherchent de multiples bénéfices dans l'achat de produits et services entrant dans leurs processus de production. De la même manière, les sacrifices supportés recouvrent une grande variété de facteurs. » En raison du plus faible nombre d'acteurs que sur un marché grand public, les relations B to B se prêtent plus facilement à la personnalisation, à la collaboration et au partenariat. « Sur les marchés interentreprises, où le produit ou le service de base est perçu comme une matière première, il peut être extrêmement coûteux ou difficile de mettre en place une différenciation, qui sera jugée significative par les clients. »

www.e-marketing.fr

Sens de la leçon

Les configurations flexibles

1 Les configurations flexibles prennent la forme de :

- **Entreprises en réseau** → Ensemble d'entreprises et d'entités diverses qui se structurent et coopèrent pour réaliser un même projet.
- **Entreprises en processus** → Structure d'entreprises qui articulent différentes opérations dans le but de satisfaire les attentes du client.
- **Entreprises par projets** → Structure éphémère permettant de réunir diverses compétences autour de la réalisation d'un processus.

2 Les entreprises adoptent des configurations flexibles sous l'influence de plusieurs facteurs :

- Incertitude et internationalisation des marchés
- Accélération de l'innovation
- Attentes nouvelles des clients
- Attentes des actionnaires

→ Nouvelles frontières de l'entreprise

Les mots-clés

Entreprise en réseau – Processus – Structure par projet – *Reengineering* (reconfiguration)

Les auteurs

HAMMER Michaël et CHAMPY James	Anciens professeurs au MIT, ils dirigent des cabinets de conseil en management	*Reengineering*

4 La dynamique structurelle

LE RÉFÉRENTIEL

3. Adapter la structure *(20 heures)*
3.2. Faire évoluer la structure *(11 heures)*

Les compétences attendues	Le plan du chapitre
Mettre en évidence les difficultés et les enjeux relatifs à l'évolution des structures	**I. Les déterminants du changement structurel** **II. Les difficultés du changement structurel** A. La résistance des salariés face au changement B. La résistance culturelle au changement **III. Surmonter les résistances au changement** A. Conduire le changement B. Anticiper le changement C. Réussir le changement

Mise en situation

Votre stage vous conduit, à l'invitation du directeur des ressources humaines (DRH), à participer au comité central d'entreprise (CCE) d'Accentel, important équipementier télécom.

À cette occasion, le dirigeant Paul Jarreth présente aux membres du CCE les grandes lignes du plan de redressement qui vise à recentrer les activités de R&D sur les technologies du futur (*cloud*, haut débit 4G) et à abandonner les technologies en fin de vie. Cette nouvelle stratégie se traduit par un plan de sauvegarde de l'emploi (PSE) de 900 emplois en France. Les membres du CCE expriment leur très forte hostilité et menacent les dirigeants de grève. Le DRH s'engage à ouvrir au plus vite des négociations avec les instances représentatives du personnel. Le dirigeant annonce également que des discussions avec les partenaires locaux sont d'ores et déjà en cours pour faciliter les reclassements.

Questions

1. Identifiez la nouvelle stratégie d'Accentel et ses effets sur la structure de l'entreprise.
2. Comment se manifestent les résistances au changement de la part des salariés ?
3. Comment les dirigeants tentent-ils de surmonter ces résistances ?

I Les déterminants du changement structurel

Document 1 *Les déterminants du changement*

L'observation des changements structurels permet de mettre en évidence au moins quatre déterminants :

Déterminants internes	Déterminants externes
– La croissance de l'activité qui se traduit par une augmentation du chiffre d'affaires et des effectifs. – L'influence des nouvelles technologies.	– La pression de l'environnement, qui contraint l'entreprise à réorienter sa stratégique (recentrage, changement d'activités, etc.). – L'élargissement du marché.

Ces changements présentent plusieurs caractéristiques. Ils peuvent être décidés par le management ou être subis. Ils peuvent être radicaux ou progressifs (incrémental).

Document 2 *Quelques situations de changement structurel*

Situation 1 : Si Microsoft a construit son succès sur le système d'exploitation Windows dans un environnement informatique où le PC était dominant, l'émergence des technologies mobiles l'a contraint à revoir l'ensemble de sa stratégie. L'arrivée du nouveau CEO, Satya Nardella, marque ce changement de stratégie délibérément orientée vers le mobile en plaçant la suite Office au cœur de cette stratégie. La question est alors posée de l'avenir de Nokia, racheté en 2011 par Microsoft.

Situation 2 : En reprenant et en intégrant une multitude de petites coopératives, Gamm Vert, spécialisé dans la vente de produits pour le jardin, a vu son chiffre d'affaires passer de 720 millions d'euros en 2007 à 1,16 milliard en 2013. Jean-Pierre Dassieu, le PDG, a donc dû remettre de l'ordre dans la structure en organisant le réseau autour de trois pôles : Gamm Vert Village, Gamm Vert Jardinerie de proximité (1 500 m²) et Gamm Vert Nature (plus de 300 m²) pour concurrencer les autres grandes enseignes comme Truffaut.

Situation 3 : Après la vente de son activité de fabrication de serveurs à Lenovo, IBM a annoncé qu'il cédait ses activités de fabrication de puces électroniques à GlobalFoundries. Cette décision confirme la réorientation stratégique du groupe autour des services aux entreprises. La structure d'IBM s'appuie désormais sur deux ensembles de services : conseil et solutions d'intégration, et services IT (technologies de l'information).

Situation 4 : Sanofi est un leader de l'industrie pharmaceutique. En 2011, les dirigeants décident de développer le marché des biotechnologies en rachetant Gensyme, spécialisée dans les maladies rares. Son président intègre le comité exécutif de Sanofi et assure le développement des biotechnologies.

Questions

1. Caractérisez les changements observés dans les quatre situations.
2. Repérez les changements de stratégie et les changements structurels en reproduisant et complétant le tableau.

Situations	Changement stratégique	Changement structurel
Microsoft		
Gamm Vert		
IBM		
Sanofi		

3. Identifiez les déterminants des changements structurels pour chaque situation.

II Les difficultés du changement structurel

A. La résistance des salariés face au changement

CAS Air France

DOCUMENT 3 *L'acteur stratège*

La stratégie, comme ensemble d'actions coordonnées en vue d'un ou de plusieurs objectifs, n'est pas l'apanage des dirigeants. C'est un des apports principaux de l'analyse stratégique promue par Michel Crozier et Erhard Friedberg* que d'avoir montré comment, dans toutes les organisations et à tous les niveaux, les individus se comportent en stratèges : ils utilisent les marges de liberté dont ils disposent, ils jouent (et trichent) avec les règles, ils élaborent des plans, passent des alliances, etc. Cette approche a profondément renouvelé la façon de penser les comportements en organisation.

Philippe Cabin, « Stratégie », *Les Organisations. État des savoirs*, Éditions Sciences humaines.

* Michel Crozier et Erhard Friedberg sont des sociologues français.

DOCUMENT 4 *Les mesures du plan Transform 2015 chez Air France*

Les coûts d'escales sont tout particulièrement dans la ligne de mire car ils sont réputés légèrement plus élevés que ceux de la concurrence. « Toutes les escales seront concernées », [a précisé M. de Juniac, PDG d'Air France]. Il a également évoqué la possibilité de transférer des activités vers la filiale *low-cost* Transavia ou vers la nouvelle compagnie régionale Hop : « Si Air France ne peut rentabiliser une ligne, n'est-il pas préférable de la transférer à Transavia ou Hop, plutôt que de la laisser à la concurrence ? », s'est-il interrogé, appelant à « davantage de flexibilité au sein du groupe, qui doit fonctionner comme une grande famille ». La direction a prévu de rencontrer les organisations syndicales en juin, « après quoi, nous présenterons en septembre un ensemble de mesures soumises à la négociation », a fait savoir M. de Juniac.

www.lexpansion.com, juin 2013.

DOCUMENT 5 *Un mouvement de grève lourd de conséquences pour Air France*

Les pilotes d'Air France ont conduit une des grèves les plus longues de leur histoire – quatorze jours – pour obtenir un contrat de travail unique et des conditions de travail identiques pour les pilotes d'Air France et de Transavia, la filiale *low-cost* du groupe. Si les pilotes n'ont au final rien obtenu, la violence de l'affrontement va laisser des traces à l'intérieur de la compagnie. François Pottecher, le représentant du SNPL Transavia France, déplorait cette grève « aussi puissante et qui a coûté autant d'argent, et que l'on aurait pu éviter. »
Autre conséquence de ce mouvement, les départs de cadres dirigeants. Trois cadres ont ainsi exprimé leur profond désaccord stratégique avec Alexandre de Juniac, le PDG d'Air France-KLM.
La sortie de grève sera donc douloureuse. Au-delà de la perte en chiffres d'affaires – autour de 20 millions d'euros par jour –, la compagnie Air France s'attend à une lourde facture pour indemniser ses clients. Elle devra aussi redresser son image abîmée par le conflit.

Questions

1. Selon Crozier et Friedberg, comment les salariés expriment-ils leur résistance au changement ?
2. Identifiez les axes stratégiques voulus par le plan Transform 2015.
3. Repérez les résistances au changement exprimées chez Air France.
4. Montrez que ces comportements illustrent l'analyse de Crozier et Friedberg sur les résistances au changement.

B. La résistance culturelle au changement

CAS Manitou

DOCUMENT 6 *Manitou, une entreprise familiale*

Tout a commencé par une petite annonce publiée dans *Le Journal des grandes écoles* : « Grosse PME française, leader mondial, basée en Loire-Atlantique, cherche son président du directoire », raconte Jean-Christophe Giroux, actuel directeur général de Manitou.
« La culture familiale de Manitou était pour moi un plus, avec son histoire, ses personnages et... son énergie. »
L'histoire de Manitou, c'est l'essor extraordinaire d'une petite société de métallurgie, fondée par le père de Marcel Braud, qui en a repris les rênes en 1950. Il invente le premier chariot élévateur tout-terrain, un tracteur amélioré « qui manie tout ». [...]
La crise de 2008 met au jour les fragilités de la société cotée. « Inutile de préciser combien cela fut difficile et douloureux à vivre pour tous, déclare Jean-Christophe Giroux. D'autant que ma nomination signifiait l'arrivée de quelqu'un qui n'était ni de la famille, ni du métier, ni même de la région ! Tout le monde pensait à l'époque que j'étais un Parisien embauché pour vendre la boîte ! Les salariés de Manitou ont apprécié que j'arrive seul, sans équipe. Ils ont été progressivement rassurés en voyant que je travaillais collectivement.
Mais il a bien fallu « faire le boulot » en commençant par alléger les effectifs. « L'augmentation générale des salaires a été remise en cause, en accord avec les syndicats. La croissance soutenue de Manitou avait masqué une désorganisation structurelle et il était urgent d'assainir les fondamentaux. Nous avons fait du chemin. »

L'Entreprise, novembre 2012.

DOCUMENT 7 *Nouveau remaniement chez Manitou*

Plusieurs défis industriels attendent le spécialiste du chariot élévateur, dont la mise à niveau de son réseau de sous-traitants, dans un contexte de profond remaniement du management.
Le groupe Manitou est le premier employeur industriel (1 500 salariés sur les 3 219 au niveau mondial) et le premier pourvoyeur d'emplois en sous-traitance (10 000 postes) dans le bassin d'emploi situé entre Nantes et Angers. Le départ du directeur général Jean-Christophe Giroux en avril 2013 a provoqué des remous. Il avait en effet redéfini une stratégie, fait remonter le chiffre d'affaires à 1,26 milliard d'euros et réduit la dette. Sous sa gouvernance, des filiales et des alliances avaient vu le jour aux États-Unis et en Chine.
Il a cependant perdu le soutien des actionnaires sur son plan qui prévoyait de doublé le chiffre d'affaires en 2015. Le groupe Manitou revient à un développement organique typique d'une grande PME.

→ Questions

1. Identifiez les manifestations de la culture familiale du groupe Manitou.
2. Comment Jean-Christophe Giroux a-t-il réussi à vaincre les résistances au changement des salariés ?
3. Comment les actionnaires ont-ils exprimé leur résistance aux changements voulus par Jean-Christophe Giroux ?
4. Montrez en quoi la culture de Manitou a constitué un frein au changement.

III Surmonter les résistances au changement

A. Conduire le changement

CAS DCNS

Document 8 *Les étapes d'un changement réussi*

Face au changement voulu par les dirigeants, les salariés vont réagir différemment. Ces derniers vont traverser généralement cinq étapes successives :

Étape	Attitude des salariés	Rôle de la direction
Le rejet	Le salarié ne voit pas l'utilité du changement. Il refuse de voir son quotidien modifié.	Exposer clairement les changements et expliquer leur nécessité.
La résistance	Le salarié admet la possibilité du changement mais ne le perçoit pas comme inéluctable. Il va développer des stratégies d'opposition (contestation individuelle ou collective).	Afficher de la fermeté et le caractère irréversible du changement.
La décompensation	Le salarié est abattu. Il sait que le changement est inéluctable et que la résistance est inutile. Il va perdre sa motivation. Il peut entrer dans une période dépressive émaillée d'arrêts de travail.	Accompagner le changement, écouter les réticences, accepter que chacun l'intègre à son rythme.
La résignation	Le salarié entre dans la phase du « c'était mieux avant ». Le passé est embelli. Le changement est accepté sans conviction.	Mettre en avant les points positifs, les progrès, encourager, valoriser les succès.
L'intégration	Le salarié a accepté le changement et commence à en percevoir les aspects positifs.	Rester vigilant tout en soutenant les équipes.

Document 9 *Changement de stratégie chez DCNS*

Depuis trois ans, DCNS se diversifie dans quatre technologies novatrices : l'hydrolien (des turbines qui utilisent l'énergie produite par les courants marins pour produire de l'électricité), l'éolien offshore, l'énergie thermique de la mer et le houlomoteur (qui se sert de l'énergie de la houle). Un investissement qui commence à porter ses fruits. La raison de cette diversification à marche forcée ? « À long terme, confie le délégué CDFT Bruno Simon, notre activité de construction et de réparation des bateaux de la Marine, qui représente près de 75 % de notre marché, risque de diminuer. » Les navires modernes nécessitent en effet de moins en moins d'entretien et les nouvelles commandes de l'armée se raréfient. [...] DCNS a donc dû s'attaquer à de nouveaux marchés, plus porteurs que son activité historique.
[...] La plupart des technologies et des savoir-faire maîtrisés par DCNS sont en effet recyclables dans ses nouvelles activités.

Management, juillet 2012, © Prisma Media.

Document 10 *Vaincre le scepticisme des salariés*

En 2008, le groupe a donc lancé ses premiers appels en interne. Rapidement, quelques dizaines de personnes ont postulé. « Le défi à relever était réellement stimulant, je n'ai pas hésité une seconde », se rappelle Daniel Bathany, chef de projet dans l'énergie thermique des mers. Mais bon nombre de salariés, pas convaincus de la pérennité des nouvelles activités, ne partageaient pas son enthousiasme. Craignant de se retrouver sur le carreau en cas d'abandon des projets, ils hésitaient à postuler.
Pour les convaincre et ainsi préparer sa montée en puissance, DCNS a envoyé des émissaires dans chaque filiale du groupe présenter les activités ainsi que les postes à pourvoir. Cette politique semble payer. « Nous avons reçu plusieurs centaines de candidatures en interne », se félicite-t-on à la direction. Des recrues qui offrent l'avantage d'être faciles à former.

Management, juillet 2012, © Prisma Media.

Questions

1. Mettez en évidence les déterminants du changement chez DCNS.
2. Repérez et expliquez les étapes qui ont permis le changement.
3. Montrez comment la direction a conduit le changement avec succès.

B. Anticiper le changement

CAS Siemens

Document 11 *Les cycles de vie des organisations selon Greiner*

Selon Larry Greiner, la croissance de l'entreprise se fait par une alternance de périodes de développement et de crises, qui doivent être surmontées pour pouvoir continuer le processus de croissance.

Phase	Développement	Crise
Entrepreneuriat	Les liens entre les membres sont amicaux. La structure est simple et repose sur l'implication personnelle de ses membres.	Crise de *leadership* : les fondateurs atteignent les limites de leur capacité de gestion.
Collectivité	Les fondateurs admettent la nécessité de structurer l'entreprise. Ils peuvent céder la place ou se donner les moyens d'organiser rationnellement l'activité par la mise en place de directions fonctionnelles qui restent centralisées.	Crise de l'autonomie : les directions revendiquent davantage d'autonomie.
Délégation	On sort de cette crise en déléguant le pouvoir et en donnant de l'autonomie aux directions. L'entreprise se diversifie.	Crise de contrôle : l'autonomie rend indispensable la mise en place de procédure de contrôle.
Formalisation	L'entreprise doit trouver un équilibre entre l'autonomie souhaitée par les directions et le nécessaire contrôle des activités et des performances. Le système d'information se développe alors et permet de mettre en place des procédures (tableau de bord, reporting,...)	Crise de la bureaucratie : l'excès de contrôle freine l'activité et engendre des lourdeurs administratives.
Collaboration	L'issue de cette crise passe par une remise en cause du pouvoir et l'acceptation d'un travail collectif dans une structure allégée. La coordination repose sur l'implication des cadres, qui deviennent moteurs pour motiver les équipes.	Crise du renouveau : le risque de cette dernière phase est le surmenage et le stress de la ligne hiérarchique.

Document 12 *Siemens s'engage dans une réduction de sa bureaucratie*

En mai 2014, Joe Kaeser, le patron du conglomérat industriel allemand Siemens, a annoncé une vaste réorganisation. L'objectif est de redonner de l'efficacité dans les processus de décisions et de réduire les lourdeurs administratives qui pénalisent l'entreprise.

Cette restructuration, baptisée « Vision 2020 », passe par un grand ménage structurel : les quatre secteurs traditionnels du groupe (énergie, industrie, santé et infrastructures, et agglomération) seront supprimés, ce qui élimine un niveau hiérarchique. Le nombre de divisions est également réduit, passant de seize à neuf.

Cette nouvelle organisation doit permettre un meilleur fonctionnement interne, en évitant que les informations ne remontent trop tardivement vers les instances de décision. Elle doit accélérer les procédures. Car c'est bien d'un problème de bureaucratie que souffre Siemens, avec des frais généraux qui représentent presque 15 % du chiffre d'affaires.

Questions

1. Identifiez la crise que traverse Siemens.
2. En vous appuyant sur l'analyse de Greiner, expliquez les causes possibles de cette crise.
3. Montrez que les solutions mises en œuvre par Siemens peuvent permettre de sortir de cette crise.
4. Quel est le rôle des dirigeants au cours des différentes phases décrites par Greiner ?

C. Réussir le changement

CAS Hermès

Document 13 *Réussir le changement*

Dans leur ouvrage Méthode de conduite du changement, David Autissier et Jean-Michel Moutot présentent quelques outils pour réussir le changement.

« *Comment décririez-vous le cycle du changement ?* »

« Francis Blanche disait : "Il vaut mieux penser le changement que changer le pansement." Pour réussir un changement, il faut écrire l'histoire du changement avec ses arguments, comprendre les irritants, avoir un réseau de relais, mener des actions de pédagogie du changement, opérationnaliser le changement au travers des pratiques et usages, piloter la réalisation du changement. »

« *À quels facteurs faut-il être attentif ?* »

« L'objectif collectif est bien souvent plus important que l'objectif individuel et chaque personne devra consentir à un effort supplémentaire pour une rétribution parfois perçue comme lointaine. Aussi faut-il veiller à "embarquer" les personnes dans un projet "positif" et "opérationnel". Pour cela, la pédagogie du changement est importante. »

www.actionco.fr, 14 avril 2017.

Document 14 *Hermès, tout changer pour que rien ne change*

HERMÈS PARIS

Dans cette société familiale créée en 1837, qui a bâti son succès sur le savoir-faire de 3 500 artisans – lesquels dessinent ses carrés de soie (1 million d'exemplaires par an) et cousent à la main ses sacs Kelly en taurillon noir (son *best-seller* lancé en 1935) –, [Patrick Thomas] est parvenu à faire bouger les lignes. De petites évolutions qui font figure de révolutions dans l'univers feutré de la marque à la calèche. Et qui permettront surtout à Hermès d'assurer sa pérennité.

Un étranger – il est le premier dirigeant n'appartenant pas à la famille du fondateur – qui bouscule les habitudes de la maison ? Impensable.

Chez Hermès, la véritable hiérarchie est difficile à cerner : la direction artistique, aux mains de Pierre-Alexis Dumas, le fils de Jean-Louis, est toute-puissante. Et c'est la famille, très présente dans les dossiers comme dans l'organigramme, qui décide en dernier ressort. [...] « Un management en crabe, un peu à gauche, un peu à droite pour avancer », ose même un ancien cadre. À peu près la méthode qu'a employée Patrick Thomas quand il s'est attaqué à la réorganisation de la structure Hermès. À son arrivée, toutes les activités étaient regroupées sous une seule entité, Hermès Sellier. En prenant des gants, le nouveau gérant l'a éclatée en huit directions métiers (maroquinerie, prêt-à-porter, soie, bijouterie...), auxquelles il a laissé une large autonomie. Objectif : préserver le côté artisanal, qui fait la singularité et la force de la maison. Ce qui n'a pas empêché le dirigeant de fixer des objectifs très stricts à chacun des responsables.

Grégoire Silly, *Management*, janvier 2010, © Prisma Media.

Questions

1. Identifier les étapes à franchir pour surmonter les résistances au changement.
2. Présentez les changements opérés par le nouveau dirigeant d'Hermès.
3. À quelles résistances s'est-il heurté ?
4. Comment Patrick Thomas a-t-il réussi à vaincre ces résistances ?

Cas d'entreprise

La compétence attendue

- Mettre en évidence les difficultés et les enjeux relatifs à l'évolution des structures.

Questions

Après avoir pris connaissance du cas Smectane et des ressources proposées, réalisez une étude en répondant aux questions en mobilisant les concepts et références d'auteurs pertinents.

I. Analyse de la situation de l'entreprise

1. Présentez l'évolution de la stratégie de Smectane et ses modalités.

2. Identifiez les différentes crises traversées par Smectane depuis sa création.

II. Identification du problème de management

3. Identifiez le problème de management rencontré par Smectane.

4. Mettez en évidence les résistances résultant du changement de stratégie.

III. Proposition de solutions

5. Indiquez l'erreur commise par Henri Bélidal, le dirigeant démissionnaire, et proposez des solutions alternatives.

Le dossier comprend

- Le cas Smectane
- Une ressource documentaire :

Annexe Les étapes de la conduite du changement

Le cas Smectane

Smectane

Présentation de Smectane

Smectane est un laboratoire pharmaceutique qui emploie 3 824 salariés. Son chiffre d'affaires pour 2014 est de 971 millions d'euros.

La société Smectane a été créée dans l'immédiat après-guerre par la famille Moulin autour de médicaments à base de plantes (romarin, sauge) traitant les problèmes gastriques (constipation et diarrhées). L'entreprise va progressivement se structurer avant de s'implanter sur les marchés européens.

Cette croissance conduit l'entreprise à mettre en place une structure divisionnaire par zone géographique (Europe, Amérique du Nord et reste du monde) avec un responsable local à la tête de chaque unité. Cette organisation répond aux attentes spécifiques de chaque pays.

Les années 1970 et 1980 sont marquées par l'émergence d'une forte concurrence internationale et une concentration du secteur du médicament. Smectane y fait face en investissant dans un laboratoire de recherche en France chargé de développer de nouvelles molécules dans les métiers de base, mais aussi dans un nouveau métier : l'oncologie (traitement des cancers).

La direction va profiter de ce changement stratégique pour recentrer l'activité autour de quelques produits phares. De nouvelles procédures de *reporting* sont également mises en ▸▸▸

Smectane, affronter le changement

►►►

place afin de mieux contrôler les performances des différentes entités géographiques décentralisées. Ce renforcement du contrôle est rendu nécessaire par l'agressivité des concurrents et par la volonté de la famille fondatrice de conserver le pouvoir au sein des instances de décision.

Changement de direction, changement de stratégie

Pourtant, en 2001, Smectane traverse un changement important avec l'arrivée pour la première fois d'un dirigeant qui n'est pas membre de la famille Moulin. Henri Bélidal constate que le succès de la société repose sur quelques produits dont les molécules risquent, avec le développement des médicaments génériques, de passer dans le domaine public. Il initie alors une nouvelle stratégie visant à accélérer le développement vers de nouvelles pathologies : l'endocrinologie (traitements hormonaux) et la neurologie (traitement de maladies orphelines difficilement génériquables). Il rompt également avec la croissance interne, privilégiée jusqu'alors. L'important *cash-flow* accumulé par Smectane ouvre la possibilité de réaliser des acquisitions de laboratoires américains dans le domaine des biotechnologies. L'heure n'est plus à la R&D mais au montage de partenariats avec des laboratoires détenteurs de brevets sur des molécules à forte valeur ajoutée.

Une direction mouvementée

Mais cette nouvelle politique induit des tensions internes. Henri Bélidal est fasciné par les techniques de management anglo-saxonnes dans une entreprise fortement marquée par un centralisme très français. Il modifie les instances de direction en créant un comité exécutif élargi. Les directions deviennent bicéphales, avec un cadre maison et un cadre issu des sociétés rachetées. Le tutoiement est souhaité entre les cadres. Les tenues décontractées dans une entreprise plus habituée au costume cravate choquent les plus anciens. Les cadres maison menacent alors de se mettre en grève, une première chez Smectane ! Leur crainte : se voir évincés des postes à responsabilité. Mais, face à ces turbulences, la direction générale n'a pas cédé, réaffirmant sa volonté de « revitaliser une société sclérosée et aveugle ».

Disposant d'un siège au conseil d'administration, les salariés ont su se faire entendre des administrateurs de la famille Moulin. À l'issue de ce conseil houleux et face à la médiatisation de ces tensions qui ont fait chuter le cours de l'action Smectane, Henri Bélidal a été contraint de démissionner. Marc Guérand, actuel directeur général adjoint chargé du développement stratégique, devrait lui succéder. Sa force : son ancienneté !

Annexe

Les étapes de la conduite du changement

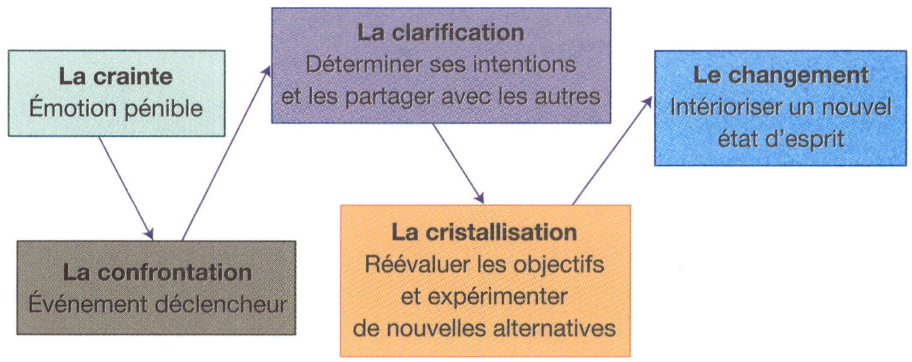

Conduite du changement : concepts clés, Dunod, 2010.
D'après Kets de Vries [2006]

Sens de la leçon

Le changement structurel

1 Les enjeux du changement structurel sont régis par différents facteurs :

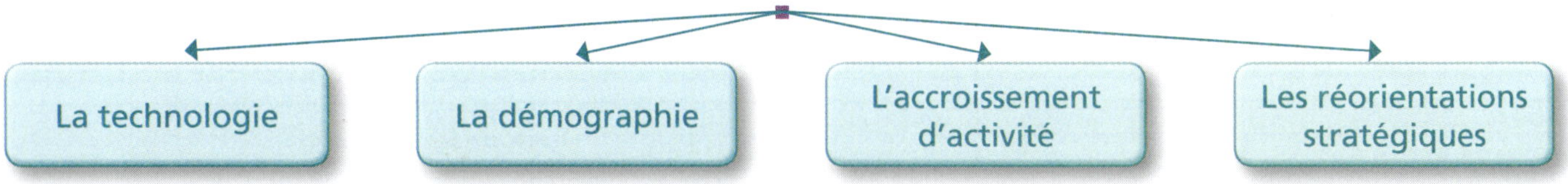

Ils entraînent des changements de stratégie.
Ces changements de stratégie provoquent des changements de structure.

2 Le processus de changement structurel est une succession de périodes de croissance et de crises décrite par Greiner.

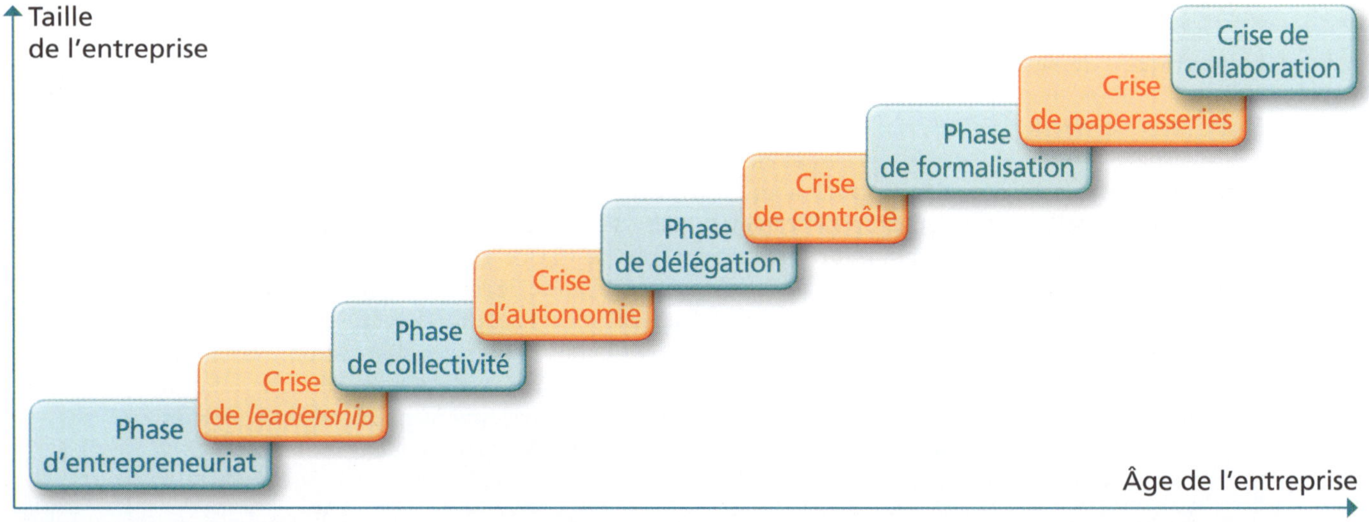

3 Pour réussir le changement structurel, il faut le conduire et surmonter les résistances :

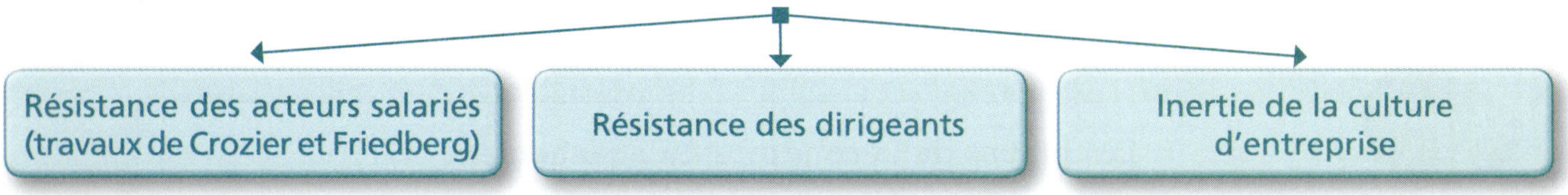

Les mots-clés

Changement structurel – Cycle de vie des organisations – Résistance au changement.

Les auteurs

CROZIER Michel	Sociologue français, fondateur de la sociologie des organisations	Stratégie des acteurs face au changement
GREINER Larry	Professeur américain de management	Croissance des organisations et changements structurels

préparation à l'épreuve

S'entraîner au BTS n° 1

HBS : le défi du changement structurel

Les compétences attendues

- Repérer les facteurs déterminants d'une décision dans un contexte donné
- Réaliser un diagnostic ou une partie de diagnostic
- Identifier une structure flexible et analyser les causes de sa mise en œuvre
- Analyser les déterminants du choix d'une structure

Travail à faire

Après avoir pris connaissance du cas HBS et des ressources proposées, réalisez une étude en répondant aux questions suivantes.

I. Analyse de la situation de l'entreprise

1. Réalisez le diagnostic stratégique de l'entreprise HBS en appliquant la méthode FFOM.

2. En quoi la prestation fournie par HBS revêt-elle un caractère stratégique pour le groupe Courtier ?

3. Identifiez la structure mise en place par HBS pour servir son client Courtier. À quelle configuration structurelle d'Henri Mintzberg correspond-elle ?

4. Justifiez le choix de cette configuration structurelle par HBS au regard du marché et de la demande.

II. Identification des problèmes de management et proposition de solutions

5. Identifiez le problème de management rencontré par HBS dans le projet Courtier.

6. En quoi le problème rencontré par HBS illustre-t-il bien la théorie de Crozier sur la résistance au changement ?

7. Proposez des solutions, à court terme et à long terme, permettant de résoudre le problème identifié. Montrez que les compétences du chef de projet ont une place centrale dans la réussite du projet.

Le dossier comprend :

- Le cas HBS
- Les ressources documentaires :
  - **Ressource 1** : Les compétences requises du chef de projet idéal
  - **Ressource 2** : Jeux de pouvoir selon Crozier
  - **Ressource 3** : L'avis de Cultéo sur la fusion d'entreprises

Le cas HBS

La société HBS (Holy Brain Software) est née en 2007 de la fusion entre deux sociétés californiennes : Holy et Brain Software. Le nouveau groupe ainsi créé est spécialisé dans la mise au point de progiciels de gestion des performances pour l'aide à la décision (*« business intelligence »* ou BI). Il emploie 2 300 salariés, sert 12 000 clients à travers le monde et génère un chiffre d'affaires de 600 millions de dollars. Cette fusion a permis au groupe HBS d'asseoir sa position parmi les leaders du secteur.

L'informatique décisionnelle au service du dirigeant

L'informatique décisionnelle (BI), spécialité d'HBS, est l'exploitation des données de l'entreprise dans le but de faciliter la prise de décision, c'est-à-dire la compréhension du fonctionnement actuel et l'anticipation des actions pour un pilotage éclairé de l'entreprise.

La BI permet, plus concrètement, de formaliser des tableaux de bord utilisés pour le *reporting* à partir de la collecte d'un volume de données important dans le système d'informations.

Expansion et concentration

Le secteur de la BI est un marché dynamique. Il a connu en 2013 une croissance à deux chiffres, atteignant 8 milliards de dollars, alors que le marché global des logiciels souffrait de la crise économique mondiale (– 8 %). Ces belles performances se sont maintenues en 2014. Ainsi, malgré un ralentissement général des dépenses des entreprises dans les logiciels pour cause de crise économique, l'investissement immatériel dans le *« business intelligence »* a dépassé les 2 milliards de dollars à l'échelle mondiale alors que la marge de progression, dans les pays émergents notamment, est encore énorme.

Le segment des logiciels d'aide à la décision est en pleine concentration. Le français Business Objects, grand concurrent d'HBS, a fusionné récemment avec une autre société du secteur, SAP. Les entreprises présentes sur le marché ont une taille importante, et de grands groupes choisissent d'investir ce secteur très prometteur, comme Cognos SAS ou Microsoft.

Dans ce contexte, la décision de fusion entre Holy et Brain Software s'imposait.

Fusion sous haute surveillance

La fusion s'est révélée difficile. Il a fallu faire travailler ensemble six entités situées dans des pays dont la culture est forte (Singapour, Malaisie, Corée, Japon, Australie, Chine incluant Hong Kong) et leurs collaborateurs, venant souvent des pays voisins. Une interface entre les pays asiatiques et la direction générale américaine a dû être créée, dans le respect des spécificités locales. Il a enfin fallu gérer un héritage de cultures d'entreprise très différentes, avec des modèles managériaux opposés (management hiérarchique et de délégation).

Un travail collaboratif a difficilement vu le jour, associant les représentants de chaque zone géographique des deux entreprises. Les dirigeants de la nouvelle entité sont très attentifs à ce que le processus culturel d'intégration se poursuive jusqu'au bout. Il en va de la cohésion et de la réussite de l'entreprise.

Un gros client pour HBS

Le groupe industriel français Courtier est présent dans 76 pays et compte 90 000 collaborateurs et 2 000 sites industriels. Le groupe fonctionne sur la base d'une structure très décentralisée. En raison de sa taille, il a besoin d'une infrastructure réseau lui permettant d'améliorer la disponibilité, la performance et les temps de réponse. C'est pourquoi il a fait appel à HBS pour la mise en place d'applications de BI.

Ce projet concerne environ 1 000 utilisateurs répartis sur environ 140 sites. L'optimisation de l'efficacité de l'infrastructure réseau permettrait au groupe de mieux gérer la remontée d'informations depuis les filiales jusqu'au siège, afin notamment d'alimenter les tableaux de bord nécessaires au pilotage de l'organisation depuis la France, où se situe le siège social du groupe.

Afin de mettre en place le projet chez son client, HBS doit mobiliser des ressources adaptées aux besoins de l'entreprise, en fonction d'un cahier des charges préalablement défini en collaboration. HBS doit donc sélectionner les compétences qui pourront faire aboutir le projet client en un temps record.

Concrètement, HBS va monter une équipe de spécialistes et de partenaires qu'elle mettra au service exclusif du groupe Courtier. Cette structure, éphémère par nature, n'existera que six à douze mois, le temps de la livraison du projet. Selon une procédure bien définie, un chef de projet pilotera directement le groupe de travail composé d'ingénieurs spécialisés (réseau, codage...) et des partenaires extérieurs qui apporteront les savoir-faire qu'HBS n'a pas en interne. Un contrôleur de gestion suivra l'aspect financier du projet.

Chez HBS, les projets se font et se défont au gré du marché et de la demande des clients. Au bout de douze mois au maximum, les applications HBS devraient avoir envahi « tous les recoins » du groupe Courtier.

Le projet Courtier sur une pente glissante

Le projet Courtier a pris du retard chez HBS. Cinq mois après son démarrage, le projet « se cherche », HBS a du mal à recruter les bonnes compétences, notamment en France où les ingénieurs expérimentés font défaut sur le marché. Au sein d'HBS, les « ex-Holy » et « ex-Brain Software » cohabitent difficilement. Ils ont des manières de travailler très différentes. De son côté, le chef de projet peine à répartir et à coordonner le travail entre les différents collaborateurs. Ces derniers ont des difficultés à « se repérer » dans cette structure dans laquelle la hiérarchie est mal définie. De plus, les « ex-Holy » ne reçoivent pas toujours positivement les « ordres » du chef de projet, un « ex-Brain Software ».

RESSOURCE 1

Les compétences requises du chef de projet idéal

Réservé jusqu'à présent à certains secteurs, le travail en équipes projets se rencontre désormais dans des entreprises de toute taille et de tout domaine d'activité. Cette organisation donne naissance à un nouveau métier : chef de projet. Quelles compétences doit-il maîtriser ? [...] Selon Gilles Garel, Vincent Giard et Christophe Midler, trois experts du management de projet, le chef de projet doit mobiliser quatre types de compétence.

– La compétence instrumentale du pilotage de projet, qui correspond à une maîtrise minimale des principales techniques d'analyse d'un projet et de maîtrise de ses délais et de ses coûts, est nécessaire.

– La maîtrise des champs techniques impliqués dans le projet est aussi une des compétences requises pour deux raisons : asseoir sa légitimité dans les débats techniques et ne pas se faire « rouler dans la farine ».

– La compréhension des spécificités du projet et l'adhésion à ses objectifs sont une autre compétence. La connaissance de « l'historique » du projet est indispensable. Un nouveau chef de projet, arrivant en cours de projet, est de fait « incompétent », tout simplement parce qu'il n'a pas vécu toute la période antérieure à son arrivée et ne connaît donc pas l'histoire quotidienne accumulée depuis la date de lancement.

– Enfin, la compétence sociale est essentielle. La principale difficulté qui se présente au chef de projet est de parvenir à mobiliser des acteurs sur lesquels il n'a pas forcément de pouvoir formel. Ainsi, le chef de projet peut être considéré comme un acteur d'interface, qui joue le rôle de facilitateur de débat. On parle également « d'acteur intégrateur », puisque le chef de projet a pour mission de coordonner et d'interconnecter les différentes compétences métiers qui doivent intervenir sur le projet.

D'après *www.studyrama.com*

Ressource 2

Jeux de pouvoir selon Crozier

La notion de résistance aux changements vient de la sociologie des organisations présentée par Michel Crozier. Cet auteur l'associe aux marges d'incertitude et aux jeux des acteurs. Pour lui, l'acteur, soumis continuellement à des tensions internes et externes, recherche un équilibre permanent afin de rester en harmonie avec son environnement. Ces tensions peuvent naître d'une situation d'instabilité créée par un rachat ou une fusion entre entreprises, dans les cas les plus courants. Il est impossible d'ignorer les phénomènes de pouvoir au sein des organisations, a fortiori dans les entreprises. Les acteurs, comme les salariés, résistent naturellement au changement car leurs stratégies individuelles priment sur les objectifs de l'entreprise.

Ressource 3

L'avis de Cultéo sur la fusion d'entreprises

Cultéo est un cabinet de conseil spécialisé dans les difficultés culturelles qui font suite à des fusions d'entreprises. M. Roussin, l'un des dirigeants de Cultéo, explique sa raison d'être en ces termes : « Lors d'une fusion, il faut très rapidement définir des valeurs communes et partagées pour permettre à chacun d'avoir des points de repère concrets. La plupart des groupes internationaux se focalisent prioritairement sur la conduite du changement, la gestion financière de l'acquisition, la restructuration des organigrammes, etc. Mais ils commettent une erreur : celle d'oublier les hommes. Or, certaines questions s'imposent. Comment vont-ils vivre cette fusion ? Si les collaborateurs ne se sentent pas impliqués, ils risquent d'être démotivés, d'être tentés de partir, etc. D'où la nécessité de penser une nouvelle culture composée de valeurs communes. Concrètement, il faut identifier les managers susceptibles de faire réussir cette fusion, quitte à se séparer des autres. »

5 Les besoins en ressources humaines de l'entreprise

LE RÉFÉRENTIEL

4. Mobiliser les ressources *(20 heures)*
4.1. Mobiliser les ressources humaines *(11 heures)*

Les compétences attendues	Le plan du chapitre
Évaluer les besoins en ressources humaines dans une situation contextualisée	**I. L'évaluation des besoins quantitatifs** A. L'analyse des besoins en effectifs B. La prise en compte des écarts entre les besoins et l'effectif disponible **II. L'évaluation qualitative des ressources humaines** A. L'analyse des besoins en compétences B. La prise en compte des écarts entre les besoins et les compétences disponibles

Mise en situation

Jacques Weling, DRH de Mamour Broderie : « Notre main-d'œuvre a une moyenne d'âge de 53 ans. Notre pyramide des âges vieillissante est un véritable problème, car les dentellières ont des compétences, un savoir-faire déterminant pour la compétitivité de l'entreprise. Il faut pouvoir le transmettre à de plus jeunes ouvrières. De plus, les nouvelles technologies de CAO (conception assistée par ordinateur) sont maintenant indispensables pour la conception de nos modèles. Les efforts de formation que nous menons sont inefficaces, car beaucoup de dentellières n'ont pas de formation informatique et n'arrivent pas à maîtriser ces outils. »

Irène Chaben : *« Comment pensez vous surmonter ce nouveau défi ? »*

Jacques Weling : « Nous venons de signer un accord de partenariat avec le Centre d'enseignement de la dentelle au fuseau. Nos dentellières âgées de plus de 55 ans consacreront 20 % de leur temps à former des apprenties. En contrepartie, elles auront une prime et la possibilité de partir en préretraite dès 59 ans. Les apprenties pourront ainsi bénéficier de leur savoir-faire, tout en apportant à l'entreprise leurs compétences informatiques en CAO acquises lors de leur formation. »

Questions

1. Pourquoi l'entreprise Mamour Broderie s'inquiète-t-elle pour sa pyramide des âges?
2. Quelle solution le PDG propose-t-il ?

I L'évaluation des besoins quantitatifs

A. L'analyse des besoins en effectifs

CAS Crédit Niçois

Document 1 *Le Crédit Niçois incite ses seniors à profiter de leur retraite*

Le Crédit Niçois veut accélérer l'évolution de sa pyramide des âges. La banque a indiqué « étudier la mise en place d'un plan de départs volontaires à la retraite ». Comme toutes les banques françaises, le Crédit Niçois est confronté à une pyramide des âges comprenant beaucoup de seniors.

Il a mis en place depuis le 1er janvier un plan d'action pour les seniors comme l'y oblige la loi. Ce plan est d'autant plus indispensable que la banque doit faire face à deux défis majeurs :
– s'assurer que les collaborateurs qui vont partir en masse à la retraite puissent transmettre leur savoir à une jeune génération ;
– répondre aux nouveaux besoins, avec un personnel capable de s'adapter aux évolutions technologiques qui s'imposent dans le secteur bancaire.

Sans une réaction rapide face au vieillissement de l'effectif, le Crédit Niçois pourrait disparaître face aux grandes banques généralistes qui la concurrencent.

Document 2 *La pyramide des âges au Crédit Niçois*

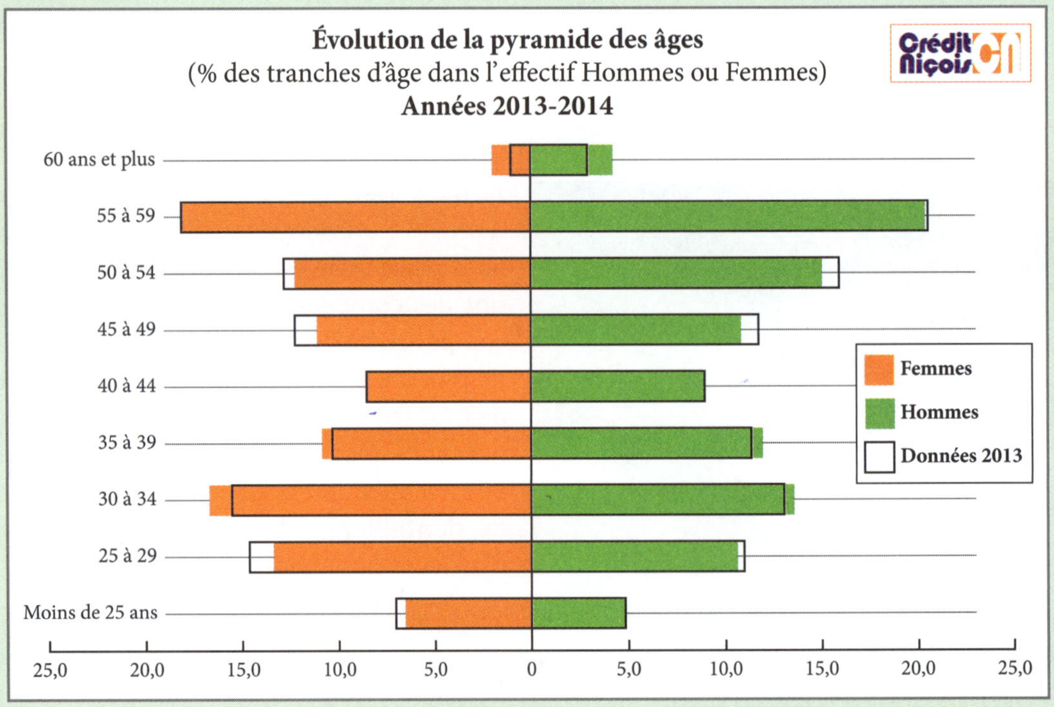

Questions

1. Que nous enseigne la pyramide des âges du Crédit Niçois sur les RH actuellement disponibles dans l'entreprise ?
2. Quel problème concernant les RH disponibles du Crédit Niçois révèle cette analyse de l'effectif ?
3. Quelles seront les conséquences dans les années à venir si le Crédit Niçois ne réagit pas en renouvelant son effectif ?

B. La prise en compte des écarts entre les besoins et l'effectif disponible

CAS Crédit Niçois

Document 3 *GPEC et anticipation de l'effectif souhaitable*

La GPEC (gestion prévisionnelle des emplois et des compétences) a pour objectif d'aider l'entreprise à faire face à son environnement socio-économique en adaptant les ressources humaines aux besoins engendrées par l'histoire de l'entreprise, les changements d'environnement ou par les décisions stratégiques. Cette démarche qui doit permettre de maintenir la compétitivité permet de prévenir et d'anticiper l'évolution souhaitable de l'effectif.

La démarche de GPEC conduit à mettre en place un accord de GPEC permettant :

- **de faire un diagnostic des ressources humaines actuelles**
- **d'analyser les écarts entre les besoins et les ressources nécessaires pour affronter les enjeux de l'environnement**

Document 4 *L'adoption d'un accord de GPEC au Crédit Niçois*

Lors d'un petit déjeuner, Samuel Lhermitte, DRH du Crédit Niçois, est venu partager son expérience de la GPEC appliquée aux 5 000 collaborateurs du groupe Crédit Niçois SA.

SL : « La stratégie du groupe consiste à soutenir les investissements des TPE et PME/PMI locales innovantes, ce qui nous a permis de financer beaucoup de nouveaux talents. Mais, pour continuer à la mener à bien, nous devons nous doter de nouveaux collaborateurs avec des compétences informatiques nous permettant d'analyser ces projets innovants sans prendre trop de risques. Ce besoin s'élève à 120 nouveaux collaborateurs. »

« Comment avez-vous surmonté ces défis ? »

« Nous avons signé en 2013 un accord de GPEC pour favoriser l'évolution de notre effectif. La mise en place de l'accord de GPEC est devenue une réalité grâce à un dialogue autour l'analyse de la situation de notre effectif actuel et sa nécessaire adéquation avec les besoins en RH. Ce dialogue dans le cadre de la GPEC a favorisé l'analyse de notre pyramide des âges. Ensuite, l'étude des écarts entre nos ressources et nos besoins a montré qu'il fallait préparer la relève de notre personnel actuel trop âgé. Si nous ne réagissions pas, nous ne pourrons plus nous différencier ni avoir un avantage compétitif décisif sur les grandes banques généralistes. »

Samuel Lhermitte nous confie les principaux enseignements de la signature de son accord de GPEC :

– Il a amélioré l'analyse de l'effectif actuel grâce à l'enseignement de la pyramide des âges.
– Il a permis de déterminer les écarts entre les besoins et les ressources actuelles : « Grâce à l'analyse de ces écarts, nous pourrons, dans le cadre de cet accord, améliorer le fonctionnement des services de ressources humaines qui prendront des décisions plus éclairées en termes de gestion de l'effectif. »

Questions

1. Montrez en quoi la GPEC aide les entreprises à anticiper leurs besoins en termes d'effectifs.
2. Quels sont les besoins en termes d'effectifs que prévoit le Crédit Niçois ?
3. Mettez en évidence l'écart entre les ressources et les besoins RH du Crédit Niçois.
4. Quelle conséquence cet écart peut-il avoir pour l'entreprise ?
5. Montrez comment la signature d'un accord de GPEC a permis de sensibiliser le personnel aux conséquences de cet écart.

II L'évaluation qualitative des ressources humaines

A. L'analyse des besoins en compétences

CAS Société Générale

Document 5 *La Société Générale présente son plan stratégique et financier pour 2014-2016*

Les priorités stratégiques de Société Générale pour 2014-2016 sont de :
- capitaliser pleinement sur le potentiel de croissance rentable de notre modèle de banque universelle ;
- améliorer encore la satisfaction client, rester leader en matière d`innovation ;
- capter les opportunités de croissance ;
- dégager une rentabilité durable en gérant de manière rigoureuse les coûts, les risques et le capital.

www.tradingsat.com, 13 mai 2014.

Document 6 *La nécessité de se transformer pour réaliser ses objectifs stratégiques*

S`exprimant au sujet du plan stratégique et financier, Frédéric Oudéa, PDG de Société Générale, a déclaré :
« Dans les trois années à venir, Société Générale va maintenir le rythme de sa transformation avec l'ambition de renforcer sa place parmi les principales banques universelles européennes. Son modèle est bien adapté aux besoins des clients et à un contexte en transition, marqué par de profondes mutations économiques, réglementaires et technologiques. En s`appuyant sur notre solide ancrage forgé au fil de nos 150 ans d`histoire, sur notre culture d'entreprise forte, nous avons bâti un modèle cohérent, intégré, centré sur les clients. »

www.tradingsat.com, 13 mai 2014.

Document 7 *La Société Générale doit se doter d'un personnel qui sache retenir ses clients*

Avec les volumes de données à leur disposition, les grands groupes ont un avantage concurrentiel sur les plus petites entreprises. À la tête d'un département de 45 personnes (statisticiens, *dataminers*, ingénieurs innovation, économistes, chargés d'étude marketing, etc.), Joseph Trojman a pour tâche d'exploiter les informations de la banque pour lui faire prendre un train d'avance. Les 10 ans d'historique de ses 8 millions de clients ont été analysés pour en tirer des enseignements destinés à nourrir la connaissance client et l'innovation. Ces informations sont utilisées pour personnaliser les offres et la relation, et optimiser les modes de contact.

Historiquement, l'agence et le téléphone représentaient la quasi-totalité de la relation client. Avec le Web et le mobile, les fréquences et les points de contact se sont multipliés : autant de données à analyser et à exploiter. « Cela nous a obligé à faire appel à des connaissances qui existent dans nos organisations mais sont diffuses, non organisées. » Reste à trouver les bons talents, des profils qui comprennent les problématiques marketing, les méthodes quantitatives et statistiques, tout en maîtrisant les algorithmes… »

www.petitweb.fr

Questions

1. Quelles sont les orientations stratégiques prises par la Société Générale pour les années à venir ?
2. Identifiez les mutations de l'environnement auxquelles la Société Générale doit s'adapter pour atteindre ses objectifs stratégiques.
3. La Société Générale dispose-t-elle des compétences nécessaires pour faire face à ces nouveaux défis ?
4. Commentez la partie soulignée du document 7 et montrez en quoi l'évaluation des besoins en compétences de la Société Générale est indispensable pour continuer à créer de la valeur face aux mutations de son environnement.

B. La prise en compte des écarts entre les besoins et les compétences disponibles

CAS Société Générale

Document 8 *GPEC et anticipation des compétences nécessaires*

Pour d'aider l'entreprise à faire face à son environnement socio-économique, la GPEC a pour objectif d'adapter les compétences des salariés aux conséquences engendrées par les changements d'environnement et de stratégie sur les ressources humaines. Cette démarche qui doit permettre de :
- maintenir la compétitivité en anticipant l'évolution des compétences (suite à des mutations technologiques par exemple) ;
- relever des enjeux sociaux (perte de compétences suite aux départs en retraite ou à une réorganisation du travail…) ;
- relever les défis économiques (positionnement sur un marché, position concurrentielle…).

Document 9 *La Société Générale veut faire grandir chaque collaborateur dans l'entreprise*

SOCIETE GENERALE

Édouard-Malo Henry, directeur des ressources humaines du groupe :
Accompagner nos 148 300 collaborateurs dans leur développement professionnel et personnel, développer leurs compétences, leur offrir un cadre de travail adapté, qui favorise le dialogue et la diversité des profils, tels sont nos engagements d'employeur responsable. L'ambition d'être « la banque relationnelle de référence » replace les femmes et les hommes de l'entreprise au cœur du modèle de la banque.

www.investisseur.socgen.com

Document 10 *Accord de GPEC à la Société Générale pour adapter ses compétences à un environnement en mutation*

La direction de la Société Générale a conclu un accord sur l'évolution des métiers, des compétences et de l'emploi. Dans un contexte de « profondes mutations du monde bancaire tant économiques, réglementaires que sociétales », l'ambition des parties signataires, à travers cet accord, est d' « apporter aux salariés une vision précise et structurée de la situation de l'emploi, de leurs perspectives et des mesures communes d'accompagnement dont ils pourraient bénéficier ».
Un appui plus fort est prévu en faveur des salariés occupant des emplois dont le contenu et les compétences sont susceptibles de connaître une évolution significative (emploi en forte évolution).

www.dialogue-social.fr

Questions

1. Quelles sont les ambitions de la Société Générale au niveau de la gestion des compétences de ses ressources humaines ?
2. Pourquoi la Société Générale a-t-elle signé un accord pour faire évoluer les compétences de ses ressources humaines ?
3. Commentez la phrase soulignée et montrez comment l'accord de GPEC peut permettre de prendre conscience de l'importance de réagir face à l'écart entre les ressources et les besoins en compétences de la Société Générale.

Cas d'entreprise

Les compétences attendues

- **Évaluer les besoins en ressources humaines dans une situation contextualisée.**
- **Proposer des actions appropriées dans le cadre d'une gestion des emplois et des compétences.**

Questions

Après avoir pris connaissance du cas Alfret et des ressources proposées, réalisez une étude en répondant aux questions suivantes.

I. Analyse de la situation de l'entreprise

1. Précisez en quoi Lola Alonso est un entrepreneur au sens donné par Joseph Schumpeter.
2. En vous appuyant sur la matrice d'Ansoff, repérez la stratégie menée par l'entreprise Alfret et justifiez-la.
3. Que nous montre l'analyse quantitative de l'effectif d'Alfret ?

II. Identification du problème de management

4. Montrez les spécificités actuelles des compétences dans l'entreprise Alfret.

III. Proposition de solutions

5. À quel problème de management lié à la gestion des compétences est confrontée l'entreprise Alfret ?
6. Proposez des recommandations qui permettraient à l'entreprise Alfret d'assurer la réussite de son projet en cernant plus précisément ses compétences actuelles, en favorisant leur évolution et en accompagnant la fin de carrière des seniors.

Le dossier comprend

- Le cas Alfret
- Les ressources documentaires :

Annexe 1 Mettre la formation et l'éducation au cœur de notre responsabilité (Total)
Annexe 2 Le groupe Evialis signe un accord de GPEC pour développer le capital humain

Le cas Alfret

Le développement de l'activité

En 1982, après le départ de son père à la retraite, Lola Alonso reprend Alfret, l'entreprise familiale de transport de chevaux à Deauville. C'est à l'époque une petite PME locale de 25 salariés, que Lola Alonso s'efforce de développer en multipliant les contrats dans toute la Normandie.
À partir des années 1990, ce mode de croissance montre ses limites et l'entreprise est obligée de revoir son effectif. En effet, la concurrence de plus en plus vive et les contraintes sanitaires croissantes poussent Lola Alonso à se tourner vers le transport de marchandises en complément du transport de chevaux de course. L'entreprise a ainsi prospéré en grande partie car elle a su se doter de nouveaux collaborateurs nécessaires à son développement. Elle a maintenant un effectif de 300 salariés alors qu'elle n'en avait que 25 à ses débuts !

La recherche de compétences

Mme Alonso se pose à présent beaucoup de questions sur les orientations à donner à son activité. Le transport de marchandises est une activité de plus en plus concurrencée par de nombreuses petites PME locales créées dans les dix dernières années et par le transport ferroviaire, avec le développement du ferroutage. C'est pourquoi elle travaille sur un projet de création d'une nouvelle activité de transport scolaire avec des cars électriques qui devrait donner un nouveau souffle à l'entreprise.
Toutefois, elle est consciente que le succès de ce nouveau projet suppose de développer les compétences présentes dans l'entreprise. En 1990, ses salariés avaient déjà eu de grandes difficultés à s'adapter à la nouvelle activité de transport de marchandises. Or, à présent, une partie de son personnel, présente depuis 1982 et dépositaire de la mémoire de l'entreprise, est en fin de carrière. Lola Alonso souhaite profiter de la négociation de l'accord de GPEC, qu'elle a amorcée depuis six mois, pour mener une réflexion sur les compétences nécessaires pour poursuivre et pérenniser le développement d'Alfret. Elle est consciente que la pérennité de son entreprise est confrontée à plusieurs défis.

▸▸▸

L'évaluation des besoins en ressources humaines chez Alfret

▸▸▸

Le développement des compétences

Elle souhaite favoriser le recrutement interne, qu'elle estime plus motivant. Toutefois, elle est consciente de sa méconnaissance des compétences réelles de ses salariés. Elle se demande comment mieux les cerner afin de proposer les formations permettant de développer les compétences nécessaires au développement de l'entreprise.

Ensuite, Mme Alonso s'interroge sur les actions permettant de favoriser le transfert de compétences entre ses salariés. Sachant l'importance de la formation pour renforcer les compétences, elle souhaiterait également généraliser les actions de formation mais ne sait pas comment les intégrer au temps de travail.

Les seniors

Lola Alonso se demande comment elle va pouvoir gérer la fin de carrière des seniors en maintenant leur employabilité et en veillant à ce qu'ils puissent transmettre leurs compétences, décisives pour la survie de l'entreprise, aux plus jeunes.

ANNEXE 1

Mettre la formation et l'éducation au cœur de notre responsabilité

De l'intégration des nouveaux embauchés à la mise en place de formations pour les seniors, Total suit ses salariés tout au long de leur vie professionnelle. Le groupe s'est ainsi doté d'outils de gestion de carrières. Une ambitieuse politique de formation est également déployée. Face à la complexité grandissante des projets, à l'évolution des enjeux énergétiques et à l'extension géographique des opérations du groupe, la formation doit permettre à chacun des collaborateurs de pouvoir relever efficacement ces défis.

Total accompagne ses salariés depuis leur arrivée dans le groupe jusqu'à la fin de leur carrière et offre à ses quelque 97 000 salariés la possibilité de développer durablement leurs compétences. Chaque salarié peut bénéficier d'une formation adaptée à ses besoins : développement des compétences, échange d'expériences, partage des valeurs du groupe… Les approches pédagogiques sont adaptées aux spécificités géographiques ou liées aux métiers : formation au poste de travail ; compagnonnage, tutorat ou encore transfert de savoir-faire aux populations locales.

http://www.total.com

ANNEXE 2

Le groupe Evialis signe un accord de GPEC pour développer le capital humain

Evialis, spécialiste de la nutrition-santé animale, a signé avec l'ensemble des partenaires sociaux un accord relatif à la gestion prévisionnelle des emplois et des compétences. Dénommé « Cap compétences », ce texte vise, d'une part, à anticiper les besoins et les ressources de l'entreprise en termes d'effectifs et de compétences, et, d'autre part, à développer le « capital humain ».

Développement des compétences et de l'employabilité

Plusieurs mesures visent à renforcer et à encadrer la gestion des parcours professionnels :
- création d'un trombinoscope destiné à favoriser un rapprochement entre les collaborateurs ;
- mise en place d'un entretien individuel annuel, qui pourra être accompagné, à la demande du salarié, d'un entretien de carrière destiné à échanger sur son parcours professionnel et préciser son projet professionnel ;
- renforcement des actions de formation. L'accord détaille, à ce titre, les différents dispositifs existants (période de professionnalisation, DIF, CIF, bilan de compétences et VAE). S'agissant du plan de formation, l'entreprise s'engage à y intégrer au moins une journée de formation réalisée sur le temps de travail.

Gestion de la deuxième partie de carrière

Pour maintenir l'employabilité des seniors avec un meilleur niveau de compétences, l'accord met en place des dispositifs, parmi lesquels :
- un entretien professionnel, sur la base du volontariat, pour les collaborateurs de 45 ans et plus désireux de faire le point sur leurs compétences et sur leurs perspectives de carrière ;
- des mesures de réduction du temps de travail pour les salariés âgés de 57 ans et plus, dans les trois années précédant la date à laquelle ils pourront prétendre à un départ à la retraite à taux plein ;
- la mise en œuvre d'une politique dynamique de transmission du savoir, notamment par la pratique du monitorat et celle du tutorat, ainsi que la recherche de complémentarité dans les équipes.

Liaisons Sociales Quotidien.

Sens de la leçon

Les besoins en ressources humaines de l'entreprise

1 L'évaluation des besoins quantitatifs implique :

L'analyse des besoins en effectifs, grâce à :

↓

un accord de GPEC (Gestion prévisionnelle des emplois et des compétences) qui va inciter à adapter les ressources humaines aux besoins

La prise en compte des écarts entre l'effectif disponible et les besoins (l'effectif souhaitable) pour permettre à l'entreprise de :

↓

- Répondre aux évolutions de son environnement socio-économique
- Faire face aux besoins engendrés par l'histoire de l'entreprise, ou par les décisions stratégiques.

2 L'évaluation qualitative des ressources humaines

L'analyse des besoins en compétences grâce à :

↓

un accord de GPEC qui va aider à adapter les compétences des salariés aux conséquences engendrées par les changements d'environnement et de stratégie sur les ressources humaines.

La prise en compte des écarts entre les besoins et les compétences disponibles pour permettre à l'entreprise de :

↓

- Relever des enjeux économiques et sociaux
- Maintenir la compétitivité en anticipant l'évolution nécessaire des compétences

Les mots-clés

Bilan social – Effectif – Flexibilité – GPEC – Impartition – Licenciement Mobilité – Polyvalence – Précarité – Pyramide des âges – Recrutement – Réduction d'effectifs – Ressources humaines – Sous-traitance.

6 Les actions appropriées dans le cadre d'une GPEC

LE RÉFÉRENTIEL

4. Mobiliser les ressources *(20 heures)*
4.1. Mobiliser les ressources humaines *(11 heures)*

Les compétences attendues	Le plan du chapitre
Proposer des actions appropriées dans le cadre d'une gestion des emplois et des compétences	**I. La politique d'adaptation de l'effectif** **II. La politique de développement de la flexibilité du travail** A. Le recours à différents types de contrats de travail B. La modulation du temps de travail C. La polyvalence des salariés **III. La politique de développement des compétences** A. La formation pour développer les compétences internes B. L'apport de compétences externes

Mise en situation

Eurotech est une entreprise créée en 1995 par Jean-Marc, Celia et Edgar, trois jeunes ingénieurs en télécommunications spécialisés dans les technologies de l'Internet. L'entreprise s'est rapidement développée. Pour poursuivre sa croissance, elle a maintenant besoin d'une meilleure maîtrise des technologies liées aux Flashcode (QR codes) permettant le transfert de données adapté à la téléphonie mobile. Ces pictogrammes composés de carrés pouvant être décodés par des téléphones mobiles permettent de se connecter à un site Web, à une vidéo..., et deviennent de puissants outils d'information et de communication.

Jean-Marc, le PDG, propose à ses associés de lancer un important plan de formation des ingénieurs, pour optimiser leurs compétences et les rendre plus flexibles et plus polyvalents.

Mais, les deux autres fondateurs préfèrent un apport externe de compétences. Celia fait remarquer que les principaux concurrents étant très dynamiques, Eurotech a besoin de pouvoir acquérir très rapidement des avantages compétitifs forts grâce au développement des compétences. Le recrutement externe de quatre jeunes ingénieurs immédiatement opérationnels lui semble la meilleure solution.

Questions

1. Pourquoi l'entreprise Eurotech a-t-elle besoin de développer de nouveaux savoir-faire ?
2. Quels sont les intérêts et les limites de la solution proposée par le gérant ?

I La politique d'adaptation de l'effectif

CAS La Poste

Document 1 *La Poste : le bilan social illustre un malaise*

Le bilan social montre que les indicateurs de santé sont restés quasiment stables par rapport à 2011, mais à un niveau toujours assez mauvais. Dans ce document, La Poste, dont la maison-mère emploie 243 172 personnes, fait état du recrutement de 5 211 personnes en 2012. Ce chiffre est en ligne avec son plan de recrutement de 15 000 personnes sur la période 2012-2014. Dans le même temps, l'entreprise a enregistré 7 760 départs, le différentiel étant donc de 2 549 postes… <u>Une réduction des effectifs que La Poste explique notamment par « la diminution des volumes de courrier et la baisse de fréquentation des bureaux de poste », insistant sur sa « politique d'emploi responsable dans une conjoncture économique difficile ». Pour Bernard Dupin (CGT), « on est toujours dans la dynamique des suppressions d'emplois » et le bilan social illustre la nécessité « d'un changement de politique ».</u>

Document 2 *La Poste signe un accord de GPEC qui prévoit 10 000 embauches*

La direction de la Poste indique que, dans le cadre d'un accord de gestion prévisionnel des emplois et des compétences (GPEC), elle **« s'engage à recruter au moins 10 000 personnes en CDI sur la période 2012-2014 »**. La direction ajoute que 7 500 contrats en alternance seront proposés sur la même période.

Société anonyme à capitaux 100 % publics depuis le 1er mars 2010, La Poste emploie environ 240 000 personnes.

En 2010, 11 700 postes ont été supprimés par le biais de départs non remplacés.

En 2011, environ 10 000 postes subissent le même sort.

www..ouest-france.fr

Questions

1. Quels problèmes RH les informations contenues dans le bilan social de la Poste ont-elles permis de détecter ?
2. Commentez la phrase soulignée dans le document 1 et montrez pourquoi l'entreprise a dû procéder à des réductions d'effectifs.
3. Pourquoi l'entreprise a-t-elle mené des recrutements en parallèle pour adapter son effectif ?
4. Montrez comment, grâce à l'accord de GPEC, La Poste peut mieux gérer son effectif en se dotant de nouvelles compétences.

II La politique de développement de la flexibilité du travail

A. Le recours à différents types de contrats de travail

CAS Spie Batignolles

Document 3 *L'utilisation des modes de flexibilité par les établissements français*

Interrogés sur leurs pratiques de flexibilité, les employeurs déclarent utiliser principalement les heures supplémentaires, les CDD et l'intérim pour faire face aux creux et aux pics d'activité.

Afin de s'ajuster aux bouleversements susceptibles d'affecter leurs débouchés, les entreprises ont recours à une large palette de modes de flexibilité. En cas de variations de l'activité, le plus souvent elles embauchent des salariés à durée déterminée ou des intérimaires, utilisent les heures supplémentaires ou complémentaires ou encore demandent aux salariés d'être davantage polyvalents.

Plus récemment, l'annualisation du temps de travail et le recours au dispositif de modulation sont également utilisés à cet effet. Ces derniers modes d'aménagement du temps de travail sont principalement mis en œuvre par les entreprises passées aux 35 heures. Ils offrent la possibilité aux entreprises de s'adapter aux fluctuations de la demande en payant moins d'heures supplémentaires et en limitant le recours aux salariés en intérim ou à contrat à durée déterminée.

Matthieu Bunel, *Travail et Emploi*, n° 106.

Document 4 *Le recours à l'intérim chez Spie Batignolles*

Pas moins de 60 millions d'euros : c'est le montant du budget intérim que le groupe de construction Spie Batignolles doit gérer et contrôler chaque année. Un volume conséquent alloué traditionnellement à 210 entreprises de travail temporaire. « Mais nous avons réduit très sensiblement ce nombre », explique Arnaud Girard, directeur Achats du groupe Spie Batignolles. « Le prix n'est pas notre unique critère de sélection. Nous recherchons avant tout la performance globale de la prestation en prenant en compte l'importance et le maillage du réseau régional de l'agence, les appréciations du service par les opérationnels, etc. », détaille le directeur Achats.

www.decision-achats.fr

Document 5 *Des CDD pour construire la prison de Valence*

L'entreprise Spie Batignolles a décroché ce marché public de l'État en s'engageant à employer des personnes sans emploi et parfois même sans qualification. Cet effort représente une vingtaine de salariés employés pour des postes de gardiennage – surveillance du chantier – mais aussi de la manutention, ou, d'ici quelques mois, des travaux de peinture et d'aménagement.

« Ces personnes sont-elles en contrat à durée déterminée ? indéterminée ? »

« Il s'agit de contrats à durée déterminée, car le chantier va s'étaler jusqu'au début 2015. Cela représente la perspective de 24 000 heures de travail sur les 550 000 heures programmées du chantier. »

« Quel est l'intérêt de Spie Batignolles ou de tout autre employeur de s'engager dans la clause sociale ? »

« Dans le BTP, il y a une tradition de compagnonnage, d'aide du plus jeune, du débutant, par le plus chevronné... donc c'est une habitude à perpétuer. »

www.francebleu.fr

Questions

1. Quels sont les principaux moyens de flexibilisation des ressources humaines utilisés par les entreprises ?
2. À quel type de contrat Spie Batignolles recourt-elle pour flexibiliser son activité ?
3. Quel est l'importance de ce type de contrat pour cette entreprise ?
4. Montrez comment Spie Batignolles utilise ces contrats tout en créant une relation de partenariat avec ses prestataires.

B. La modulation du temps de travail

CAS Michelin

DOCUMENT 6 *Les objectifs stratégiques de Michelin pour 2020*

Leader de l'industrie pneumatique, la mission de Michelin est de contribuer de manière durable à la mobilité des personnes et des biens. Le groupe fabrique et commercialise des pneus pour tous types de véhicules. Le groupe, dont le siège est à Clermont-Ferrand (France), est présent dans plus de 170 pays, emploie 111 200 personnes dans le monde et dispose de 67 sites de production implantés dans 17 pays différents.

Ambitions 2020. Michelin entend renforcer son *leadership* en matière de mobilité durable et devenir l'une des entreprises les plus performantes du monde dans l'exercice de toutes ses responsabilités.

www.michelin.com

DOCUMENT 7 *De fortes variations d'activité sur le marché européen du pneu voiture*

Le marché européen du pneu voiture accélère, selon Michelin. L'entreprise a annoncé une hausse de 8 % du marché européen des pneumatiques en décembre, signe d'une accélération de la demande à la fin de l'année écoulée.
Sur son site Internet, le groupe prévient toutefois qu'il s'attend à une baisse du marché du pneu hiver en Europe de l'Ouest, faute d'épisode neigeux important cette année.

fr.reuters.com

DOCUMENT 8 *Michelin conclut un accord de flexibilité du temps de travail*

Le fabricant de pneumatiques a signé un accord cadre avec deux syndicats, la CFDT et la CFE-CGC, afin de pouvoir faire face à une éventuelle baisse d'activité dans ses usines en France.

Michelin a signé un accord de flexibilité

Cet accord, d'une durée de trois ans, doit permettre de « gérer le plus sereinement possible les baisses d'activité », a expliqué une porte-parole du groupe, alors que toutes les usines du géant du pneumatique en France ne tournent pas à plein.
Il prévoit que les salariés puissent ne pas travailler pendant 15 jours ouvrés (par tranche de 5 jours par an), tout en étant payés à 100 %, en cas de baisse d'activité.
Dans les périodes de redémarrage, le salarié devra « rendre » ces journées à hauteur de 75 %. « Le but est d'anticiper au maximum les baisses de régime, avec un accord de flexibilité qui arrive en amont », a insisté la porte-parole.

france3-regions.francetvinfo.fr

Questions

1. Identifiez les contraintes auxquelles doivent faire face les fournisseurs de pneus comme Michelin sur leur marché.
2. Présentez l'accord mis en place par Michelin et montrez l'objectif qu'il poursuit.
3. Montrez comment cet accord contribue à la réussite des objectifs stratégiques de l'entreprise.
4. Mettez en évidence l'intérêt de flexibiliser le temps de travail pour les entreprises confrontées à des aléas d'activité.

C. La polyvalence des salariés

CAS Grand Optical

DOCUMENT 9 *La nécessaire polyvalence des salariés de Grand Optical*

Le métier de monteur-vendeur regroupe une variété d'activités dont les deux principales sont la vente et l'atelier dans un cadre paramédical reconnu de tous.
Pour cela, ce métier nécessite une polyvalence permanente et dynamique traduite par une écoute constante et professionnelle, sans oublier le côté manuel, qui fait partie intégrante de ce métier.

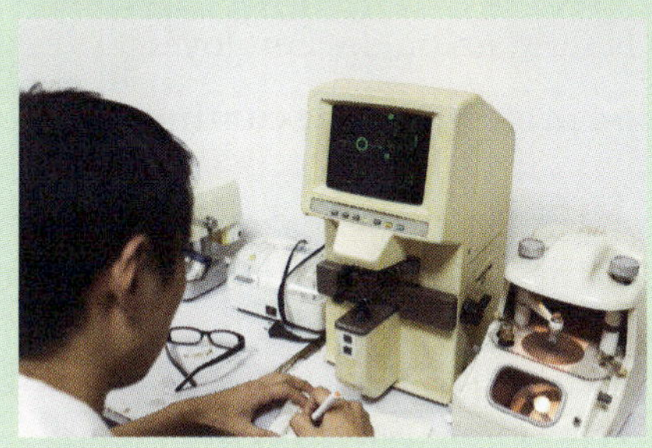

DOCUMENT 10 *Grand Optical : l'accord de GPEC pour encourager la polyvalence et la mobilité interenseignes en optique lunetterie*

Encourager la polyvalence et la mobilité intermagasins et interenseignes en optique-lunetterie

La société souhaite encourager la polyvalence en vue de maintenir l'emploi en donnant à chacun les moyens d'être formé tant à la vente qu'à l'ensemble des autres domaines de compétence de notre métier d'Opticien. [...] Outre la flexibilité, cette polyvalence est le garant du maintien de l'emploi. [...] La mobilité est un puissant levier pour améliorer la performance des salariés, pour faciliter la diffusion de la culture d'entreprise et du client, mais aussi pour mieux gérer l'emploi en fonction des évolutions des marchés et de la stratégie de l'enseigne. [...]
La mobilité interne et interenseignes (hors franchises) devient une véritable opportunité de formation et de développement des compétences pour chaque salarié. Le collaborateur qui saura répondre à toutes ces spécificités aura plus de compétences à faire valoir que d'autres et sera ainsi favorisé dans l'orientation de son parcours professionnel.
[...] L'enseigne publie ses offres de mobilité sur un logiciel de mobilité accessible via l'intranet et offre ainsi à ses salariés la possibilité d'être acteurs de leur développement. L'entreprise encourage également tous ses collaborateurs à exprimer leur souhait de mobilité sur ce même logiciel.

Questions

1. Identifiez les différentes activités que doit assurer un salarié de Grand Optical.
2. Montrez comment Grand Optical encourage la polyvalence de ses salariés.
3. En quoi la polyvalence dans ces domaines améliore-t-elle la flexibilité de l'entreprise ?

III La politique de développement des compétences

A. La formation pour développer les compétences internes

CAS Danone

Document 11 *À quoi sert la formation ?*

À quoi sert la formation continue ?

La formation continue est un processus d'amélioration ou d'acquisition de compétences. Elle permet aux salariés et aux demandeurs d'emploi de retrouver une formation qualifiante ou diplômante. Elle permet à chacun de « se former tout au long de la vie », de donner une nouvelle orientation ou un nouvel élan à sa carrière.

Quels sont les avantages pour l'entreprise de former son personnel ?

– S'adapter aux mutations technologiques et économiques des secteurs professionnels ;
– Augmenter la performance du travail ;
– Améliorer la motivation et la satisfaction des employés.

La contribution à la formation professionnelle continue (professionnalisation, DIF, plan de formation...)

Le système de contribution est défini sur la base de trois tranches d'effectifs :
– entreprises de moins de 10 salariés → 0,55 % de la masse salariale brute (0,40 % formation professionnelle continue + 0,15 % professionnalisation et DIF) ;
– entreprises de 10 à 20 salariés → 1,05 % de la masse salariale brute (0,90 % formation et versements divers + 0,15 % professionnalisation et DIF) ;
– entreprises de plus de 20 salariés → 1,6 % de la masse salariale brute (0,90 % plan de formation et versements divers + 0,50 % professionnalisation et DIF + 0,20 % CIF).

www.utecformationcontinue.fr

Document 12 *Formation et acquisition des compétences chez Danone*

« Les ressources de la planète sont limitées, les ressources de l'homme sont inépuisables s'il est motivé. »

Antoine Riboud

Le groupe Danone a bâti une grande partie de son succès et de sa réputation sur sa politique humaine et sociale. Précurseur dans le domaine de la formation ou de l'intéressement, face à l'évolution des contextes, à l'apparition de nouveaux enjeux ou défis, Danone continue à réinventer sa politique humaine. Depuis plus de trente ans, la gestion des ressources et des relations humaines repose chez Danone sur une conviction simple : il n'y a pas de développement économique durable sans l'implication et le développement des hommes.

Parce que son environnement évolue, Danone réinvente la façon d'apprendre et de se développer au sein du groupe. Sous le label « Learning by Danone », le groupe a regroupé tous les moyens de progresser chez Danone : des formations traditionnelles [...] et de nouvelles pistes qui doivent permettre à chacun de devenir acteur de son propre développement.

www.danone.com

Questions

1. Quel est l'intérêt de la formation pour l'entreprise et pour le salarié ?
2. Présentez les objectifs de la politique de formation chez Danone.
3. Peut-on dire que cette politique a permis à Danone d'acquérir des compétences sources de succès ? Justifiez votre réponse.

B. L'apport de compétences externes

CAS Solvay

Document 13 *La prise en compte du référentiel de compétences*

Il est intéressant de construire, avec les opérationnels, un référentiel des compétences… à condition qu'il soit simple, pragmatique et opératoire. À chaque métier doit être associée une liste de compétences, et un niveau de maturité requis pour chacune, de 1 à 5 par exemple. Pour être compréhensible par tous, chaque niveau doit correspondre à des comportements observables. Ce référentiel permet à l'entreprise de voir si elle possède suffisamment de compétences en volume ainsi qu'en niveau de maturité.

Flore Fauconnier, *www.journaldunet.com/management*

Document 14 *Accord de GPEC chez Solvay pour favoriser l'acquisition des compétences*

L'accord stipule […] que « la veille permanente sur l'évolution des métiers est une part essentielle de la responsabilité […] des responsables des familles professionnelles qui ont la charge d'établir un référentiel métier comportant des emplois repères, de dresser la cartographie des métiers existants et des écarts en termes de besoins de compétences à moyen/long terme ».

Selon Jean-Christophe Sciberras, l'exercice se traduit par des questions très concrètes : « De quel type de directeur d'usine ai-je besoin dans cinq ans ? […] une fois que vous avez de bons référentiels de compétences, cela permet de construire une politique de recrutement et de formation professionnelle. Ainsi, normalement, ensuite, on n'a plus de problèmes d'emplois. »

Cindy Franc, *www.andrh.fr*

Document 15 *Solvay recrute les profils adaptés pour contribuer à sa croissance*

Rejoindre Solvay, c'est s'ouvrir aux métiers passionnants de la chimie. Notre politique de ressources humaines vise à recruter les profils adaptés pour contribuer à notre croissance. En encourageant les interactions au niveau international et la construction de relations fortes au sein d'équipes engagées, nous offrons à nos collaborateurs l'occasion de monter rapidement en compétences et de travailler dans un environnement d'émulation permanente.

Recrutement et principaux profils recherchés

Nous recherchons des profils issus d'horizons variés, notamment des scientifiques (ingénieurs, universités, etc.) pour les métiers de la recherche ou de l'industrie, ou des formations professionnelles de type BTS ou DUT pour la production ou la maintenance.

L'ouverture d'esprit, la curiosité, l'orientation résultats et clients, ainsi que l'esprit, l'aptitude à travailler en groupe et en projet multiculturel, constituent le socle des compétences comportementales que nous recherchons.

Le groupe offre un grand nombre de postes à pourvoir, opportunités d'apprentissage, stages et VIE.

Retrouvez l'ensemble de ces informations sur : www.solvay.fr, rubrique « Carrières ».

www.cadres.apec.fr

Questions

1. Quel est l'intérêt du référentiel de compétences ?
2. Quelles sont les différentes mesures envisagées par Solvay pour développer ses compétences ?
3. Commentez la phrase soulignée dans le document 14. Montrez comment Solvay prend appui sur son référentiel de compétences dans son nouvel accord de GPEC pour saisir les différentes sources de compétences.
4. Montrez pourquoi Solvay recherche l'apport de compétences externes en complément de ses actions de formation interne.

Cas d'entreprise

Les compétences attendues

- **Évaluer les besoins en ressources humaines dans une situation contextualisée.**
- **Proposer des actions appropriées dans le cadre d'une gestion des emplois et des compétences.**

Questions

Après avoir pris connaissance du cas « Les Secrets de Mamie » et des ressources proposées, réalisez une étude en répondant aux questions suivantes.

I. Analyse de la situation de l'entreprise

1. Analysez les forces concurrentielles s'exerçant sur l'entreprise Les Secrets de Mamie en vous fondant sur l'approche développée par Michael Porter.
2. Mettez en évidence les formes de flexibilité que l'entreprise met en œuvre pour lutter contre ces forces concurrentielles.

II. Identification du problème de management

3. À quel problème de management des ressources humaines est confrontée l'entreprise Les Secrets de Mamie du fait de sa recherche de flexibilité dans le cadre d'une concurrence accrue ?

III. Proposition de solutions

4. Montrez les politiques mises en œuvre pour adapter les ressources humaines aux besoins de l'entreprise et conforter sa position concurrentielle.
5. Indiquez et analysez les conséquences en termes de climat social et de qualité de service qu'implique la mise en œuvre de ces solutions.

Le dossier comprend

- Le cas « Les Secrets de Mamie »
- Les ressources documentaires :

Annexe 1 Salarié au McDonald's de Toulon : flexibilité des plannings et contrats
Annexe 2 La précarisation des conditions de travail
Annexe 3 Le groupe Legrand mise sur la GPEC pour préserver son modèle social

Le cas « Les Secrets de Mamie »

Le concept
Aurore Delmas crée Les Secrets de Mamie en 2005, après une carrière de dix ans dans le domaine de la restauration rapide. C'est une entreprise reprenant les méthodes de la restauration rapide alliées à un service et à une atmosphère conviviaux. Le slogan de l'entreprise : « Un moment de convivialité pour tous » guide l'organisation des restaurants, qui offrent, dans un décor soigné, des formules à des prix attractifs. Le succès ne s'est pas fait attendre et, après avoir ouvert des restaurants dans les principales villes de France, Aurore Delmas est à présent à la tête d'une entreprise de plus de 300 employés.

La flexibilité au service de la compétitivité
La réussite d'Aurore Delmas est le fruit d'une recherche de flexibilité incessante à plusieurs niveaux :
– au niveau des fournisseurs, qui cherchent à imposer des quantités commandées de plus en plus importantes pour bénéficier de conditions commerciales et de paiement intéressantes ;
– au niveau du personnel : le succès de l'activité de l'entreprise repose sur ses collaborateurs, qui doivent être toujours souriants et disponibles ;
– au bon moment de l'année : pour suivre les variations saisonnières, avec des pics d'activité pendant les vacances de Noël et d'été.

Des politiques RH pour consolider le concept
Autore Delmas a mis en place diverses actions de façon à :
– se doter de nouveaux collaborateurs en favorisant une gestion de l'effectif basée sur un partenariat avec une école d'hôtellerie. Le personnel recruté est ainsi plus compétent et peut s'adapter plus facilement aux besoins ;
– développer la flexibilité en favorisant la polyvalence pour permettre aux salariés d'évoluer vers des postes de management des nouvelles ▸▸▸

Des politiques adaptées aux besoins en ressources humaines

►►►
recrues, mais aussi pour favoriser la mobilité vers les différents restaurants en France.
Ces politiques doivent se mener en préservant la paix sociale.
Toutefois, soucieuse d'offrir un service de qualité, Aurore Delmas s'inquiète du *turn-over* de son personnel, qui commence à augmenter du fait des contraintes horaires. Elle est aussi préoccupée par le développement de formules concurrentes toujours plus agressives au niveau des prix. C'est pourquoi elle souhaite mettre en œuvre une réflexion dans le cadre de son accord de GPEC, sur :
– les contrats à utiliser pour flexibiliser son activité sans compromettre la qualité ;
– les types de mobilité à encourager pour sauvegarder sa compétitivité dans le cadre d'une concurrence accrue par la crise ;
– l'intérêt de mener des actions de formation pour accompagner la mobilité ;
– le moyen d'accompagner les salariés qui quittent son entreprise de façon à faire de la mobilité un facteur de motivation et de possibilité de carrière qui renforce le bon climat social.

ANNEXE 1

Salarié au McDonald's de Toulon : flexibilité des plannings et contrats

A. L., étudiante de 24 ans, est passée, en seulement trois ans, de simple « équipière » au comptoir à manager. Une ambiance « familiale » et une rapide évolution de carrière qui les ont tous séduits, à les entendre. Avantage du géant américain de la restauration rapide : la flexibilité de ses contrats et de ses plannings de travail. « On embauche souvent des étudiants l'été qui ont entre 20 à 25 heures par semaine. Et après, en septembre, comme ce n'est plus tenable de faire autant d'heures en même temps que les études, on leur propose de petits contrats. Nous avons d'ailleurs une personne qui s'occupe exclusivement des plannings. C'est vraiment souple », confie le directeur.
Le restaurant fonctionne ainsi par « roulements » avec, aux heures de pointe, jusqu'à 17 à 25 personnes sur place.

http://www.varmatin.com, 3 octobre 2012.

ANNEXE 2

La précarisation des conditions de travail

Vingt heures par semaine à Pizza Hut, dix à MacDo ou au Quick, c'est la jolie litanie des entreprises qui proposent aux jeunes (et aux adultes !) des petits boulots à horaires souvent variables et éclatés avec des conditions de travail formule 1 : tu ne travailles pas longtemps, alors, c'est le pied au plancher. [...] Au MacDo, coup de bourre de 12 à 14 h, on double les effectifs, la tête dans le guidon. Adaptation stricte des flux de main-d'œuvre aux aléas de la production disent les patrons.

Développement de l'intérim, la création des CDD, la flexibilité du temps de travail et toute la palette de formules (stages, temps partiels, CES, emplois-jeunes) permettent aujourd'hui à n'importe quel patron d'avoir sous la main le salarié dont il a besoin à l'heure qu'il veut, pour la durée qu'il souhaite et au tarif qui lui plaît.

http://www.cinquieme-zone.org

ANNEXE 3

Le groupe Legrand mise sur la GPEC pour préserver son modèle social

Le groupe Legrand a signé un accord sur la GPEC. Bruno Debatisse, DRH pour la France, nous dévoile le contenu de cet accord.
Quelles sont les principales dispositions de cet accord ?
Il comprend d'abord un volet formation [...]. L'objectif était donc d'harmoniser l'accès à la formation mais aussi de mieux faire connaître les dispositifs accessibles aux salariés.
Le deuxième volet de l'accord porte sur la mobilité fonctionnelle et géographique. Nous sommes très attachés au modèle social Legrand qui prévoit que les salariés qui s'en donnent les moyens peuvent faire carrière dans le groupe via la promotion interne. [...] Nous avons inclus dans cet accord un volet mobilité externe.
Historiquement, les managers se valorisaient plutôt par leur capacité à garder leurs salariés et à les faire progresser à l'intérieur de leur périmètre. Pour continuer d'animer notre politique de promotion interne, il nous faut libérer des places à tous les niveaux. Nous allons aussi accompagner les salariés qui souhaitent quitter l'entreprise pour mener à bien un projet personnel.

Propos recueillis par Yves Rivoal, *http://www.focusrh.com*

Sens de la leçon

Les actions appropriées dans le cadre d'une GPEC

1 Une politique d'adaptation de l'effectif par des actions

- De recrutement
- De réduction d'effectif
- D'impartition

2 Une politique de développement de la flexibilité du travail

- En ayant recours à différents types de contrats de travail
- En modulant le temps de travail
- En améliorant la polyvalence des salariés

L'entreprise doit veiller à prendre en compte les limites de la recherche de flexibilité (précarisation des salariés, désorganisation de leur vie, baisse de la motivation, augmentation du *turn-over*...)

3 La politique de développement des compétences

Développer les compétences internes par la formation

L'apport de compétences externes par :
- le recrutement
- le partenariat avec d'autres entreprises

Les mots-clés

Droit individuel à la formation (DIF) – Formation – Mobilité – Plan de formation.

7 Motivation des salariés et culture d'entreprise

LE RÉFÉRENTIEL

4. Mobiliser les ressources *(20 heures)*
4.1. Mobiliser les ressources humaines *(11 heures)*

Les compétences attendues	Le plan du chapitre
• Repérer les facteurs déterminants de la motivation.	I. Les facteurs déterminants de la motivation
• Choisir les leviers de la motivation qui concilient l'objectif de l'entreprise et la satisfaction du besoin de l'individu.	II. Les leviers de la motivation des salariés
• Établir le lien entre culture d'entreprise et implication des salariés.	III. La culture d'entreprise et l'implication des salariés

Mise en situation

Adriana Romieu travaille depuis vingt ans dans l'entreprise Eléonor, qui fabrique et commercialise des feux d'artifice. Cette PME locale, qui emploie 100 personnes, est pour elle une seconde famille : le barbecue d'été, le repas de fin d'année, l'arbre de Noël sont les événements qui rythment la vie de l'entreprise.

Fabien Trivia, petit-fils du fondateur, connaît tous les salariés et leur famille. L'ambiance est familiale et solidaire mais, selon Adriana, le salaire n'évolue pas assez et les possibilités d'évolution sont limitées. Dans ce contexte, l'annonce de la cession de l'entreprise à un groupe hollandais a fait l'effet d'un séisme. Les avis sont très partagés : certains salariés sont opposés à ce changement, d'autres comme Adriana espèrent que la situation s'améliore.

Questions

1. Les besoins d'Adriana sont-ils actuellement pris en compte par l'entreprise Eléonor ? Expliquez.
2. Quels facteurs influencent la motivation d'Adriana par rapport à son travail ?
3. Le rachat de l'entreprise Eléonor par le groupe hollandais peut-il être favorable aux salariés ? Développez.

I Les facteurs déterminants de la motivation

CAS Parfums Christian Dior

Document 1 *Parfums Christian Dior, un leader mondial*

Société du groupe LVMH, Parfums Christian Dior (PCD) produit et commercialise des parfums et des cosmétiques (maquillage et soin). Figurant parmi les leaders mondiaux, l'entreprise compte 6 500 collaborateurs à travers le monde (dont 1 700 en France) répartis au sein d'une trentaine de filiales.

Document 2 *Entretien avec Nathalie Bongibault, responsable de la formation professionnelle chez Parfums Christian Dior*

« Pourquoi avez-vous décidé de changer l'état d'esprit de votre management ? »
Historiquement, Parfums Christian Dior fonctionnait avec un management intuitif, peu structuré et très lié aux personnalités des membres des équipes dirigeantes en place depuis longtemps. Dès la fin des années 90, PCD a dû adapter sa gestion des ressources humaines à ce nouveau contexte plus exigeant car plus concurrentiel et plus international. »

« Quelles transformations avez-vous opérées ? »
« Le raisonnement est simple : motiver les managers pour motiver les collaborateurs. Il a fallu former les managers à "transmettre" la motivation à leurs collaborateurs en s'appuyant sur les valeurs de la marque et qui peut se résumer ainsi : "Plus de performance avec plus de plaisir et moins de stress". »

Document 3 *Extrait d'entretien annuel*

Extrait de l'entretien annuel d'évaluation de Sébastien M., 28 ans, commercial chez Parfums Christian Dior, avec la DRH

« J'ai changé de lignes de produits il y a un an : nouveaux produits, nouvelle équipe, nouveaux clients. Un vrai challenge ! Heureusement, je peux m'appuyer sur mon manager : chez PCD, chaque manager est impliqué dans la performance de chacun de ses collaborateurs. Mon objectif est de devenir un jour chef de produits. C'est pourquoi, je travaille dur, jour et nuit si je dois signer avec un nouveau client. Le nom de l'entreprise ne fait pas tout : la concurrence est rude ! Mais j'espère bien cette année dépasser les objectifs de vente fixés. »

Document 4 *Définition de la motivation*

La motivation est l'ensemble des facteurs déterminant l'action et le comportement d'un individu pour atteindre un objectif ou réaliser une activité. C'est la combinaison de l'ensemble des raisons conscientes ou non, collectives et individuelles, qui incite l'individu à agir au sein d'une équipe. C'est l'un des enjeux de la fonction managériale.

www.jobintree.com

Document 5 *Les quatre éléments de base de la motivation*

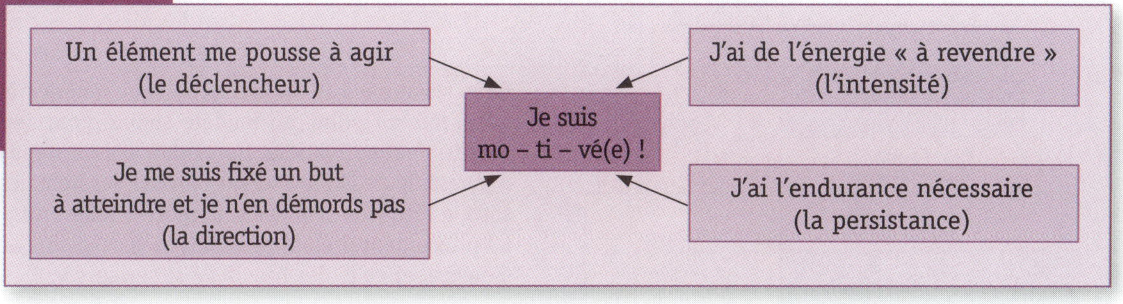

Questions

1. Quelle transformation a été opérée par l'entreprise PCD au niveau de son management ? Pour quelles raisons ?
2. Quel est le rôle des managers dans la gestion de la motivation au sein de PCD ? Illustrez par l'exemple de Sébastien M., commercial chez PCD.
3. À travers l'entretien de Sébastien M., identifiez les quatre éléments de la motivation présentés dans le document 5.
4. Expliquez, à travers l'exemple de Sébastien M., en quoi la motivation résulte de « la combinaison de l'ensemble des raisons [...] collectives et individuelles, qui incite l'individu à agir au sein d'une équipe ».

CAS Les besoins des salariés

Document 6 *Le logement des salariés, un problème pour les entreprises*

Les difficultés de logement de la population française affectent par ricochet les entreprises. Selon une étude du Crédoc* réalisée à la demande du Medef, 40 % des entreprises se déclarent globalement touchées par les problèmes de logement de leurs salariés.

Pour faire face à la hausse des prix de l'immobilier, de plus en plus d'actifs sont contraints d'habiter loin de leur travail [...]. Un éloignement négativement ressenti par les entreprises à plusieurs titres. Pour près d'un quart d'entre elles, cela complique le recrutement de nouveaux salariés [...]. Quant aux salariés déjà embauchés, 18 % des entreprises estiment que le temps passé dans les transports nuit à leur productivité [...]. Le retard, la fatigue, le stress accumulé (pendant les trajets) fragilisent les salariés avant même qu'ils ne se mettent au travail.

Manque de mobilité

19 % des entreprises regrettent aussi que leurs salariés ne soient pas assez mobiles. Tous les frais liés à un changement de domicile et, surtout, la crainte de trouver un logement plus onéreux que celui dont ils disposent dissuadent les salariés de déménager. Les actifs sont pénalisés d'être ainsi captifs de leur logement : pour les salariés, ce défaut de mobilité limite les promotions.

Marie Bartnik, lefigaro.fr, 12 avril 2012.

* Centre de recherche pour l'étude et l'observation des conditions de vie.

DOCUMENT 7 *Maslow, Herzberg et l'analyse des besoins*

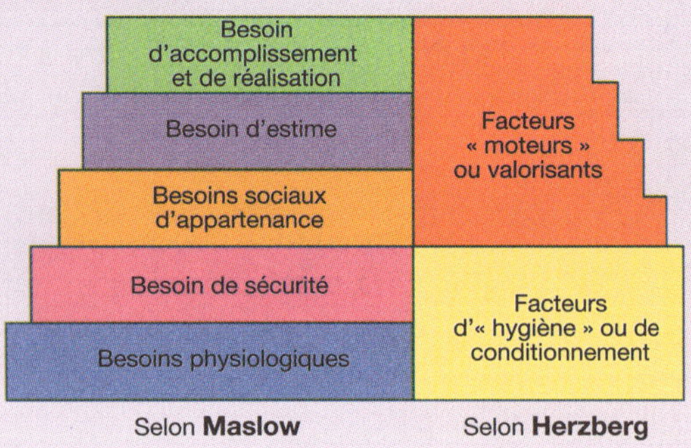

La pyramide des besoins de Maslow

Dans les années 1940, le psychologue américain Abraham Maslow avait mis au point un modèle simple pour représenter la complexité des motivations humaines, connu depuis sous le nom de « pyramide de Maslow ». Les besoins des hommes sont représentés sous la forme de couches superposées allant du plus physiologique au plus immatériel, la satisfaction des besoins de base permettant d'envisager celle des besoins « supérieurs ».

www.alternatives-economiques.fr

L'analyse bifactorielle d'Herzberg

Herzberg différencie deux types de facteurs de satisfaction de l'individu au travail :
– **les facteurs d'hygiène ou de conditionnement**, qui ne motivent pas fondamentalement l'individu, mais leur prise en compte peut empêcher l'insatisfaction au travail. Il s'agit, par exemple, des problèmes de communication interne, de relation avec les supérieurs et les subordonnés, de conditions physiques de travail, de salaire ou d'avantages sociaux [...] :
– **les facteurs moteurs ou valorisants**, qui peuvent augmenter le degré de satisfaction au travail et motiver l'individu à fournir un meilleur rendement, comme la possibilité de se réaliser dans un travail intéressant, d'obtenir de la reconnaissance et de l'avancement, de prendre des responsabilités [...].

Armand Dayan (dir.), *Manuel de gestion*, 2 vol., Ellipses/AUF, 2004.

Questions

1. Quel problème est évoqué dans le document 6 ?
2. À partir du document 7, expliquez le fonctionnement de la pyramide des besoins de Maslow. Qu'apporte l'approche d'Herzberg à celle de Maslow ?
3. Identifiez dans le document 6 le type de besoin concerné selon les théories de Maslow et d'Herzberg.
4. Quelles sont les effets de la non-satisfaction de ce besoin sur le travail des salariés ? sur la performance de l'entreprise ?

DOCUMENT 8 *La motivation selon Vroom*

La théorie des attentes de Victor Vroom (1964) décrit le processus de motivation chez un individu au travail. Qu'est-ce qui, dans le comportement de l'individu, va déclencher la motivation ? Pour y répondre, la théorie VIE de Vroom s'appuie sur trois éléments :
* **L'expectation** concerne les attentes de l'individu par rapport à ses propres efforts.
* **L'instrumentalité** correspond à la probabilité que tel comportement permette bien d'accéder à telle récompense.
* **La valence** est la valeur attribuée par l'individu à la récompense. C'est le poids qu'aura la récompense attendue, le résultat escompté pour l'individu.

Selon Victor Vroom, la motivation résulte du produit de ces trois éléments. En bref : si je suis capable d'obtenir ce que j'ai escompté grâce à ma performance, alors, je suis motivé !

Questions

- À quel élément de la théorie VIE de Vroom correspond chacune des questions suivantes : a. Que vais-je obtenir grâce à ma performance ? b. Suis-je justement récompensé(e) ? c. Suis-je capable de ?

DOCUMENT 9 *Cas pratique*

Leïla est étudiante. Elle est vendeuse dans un magasin de chaussures pour payer ses études. Pour les fêtes de Noël, on lui a demandé de travailler durant ses jours habituels de repos. Elle hésite car elle a beaucoup de travail pour l'université. Mais, ayant besoin d'argent, elle a accepté, d'autant que son employeur lui a précisé qu'elle serait rétribuée « à la hauteur du service précieux rendu au magasin ».

En fin de mois, elle reçoit sa fiche de paie et constate que :
– **hypothèse A :** son employeur lui a payé ses jours de travail supplémentaires sans majoration ;
– **hypothèse B :** elle a obtenu des jours de congé de récupération ;
– **hypothèse C :** son employeur a rémunéré doublement ses jours exceptionnels de travail.

Questions

1. Pour chacune des hypothèses, les trois composantes de la motivation selon la théorie de Vroom sont-elles réunies ? Argumentez votre réponse.
2. Pour chaque hypothèse, analysez l'impact sur la motivation de Leïla.

II Les leviers de la motivation des salariés

CAS Gore & Associates

Document 10 *W. L. Gore & Associates: du rêve à la réalité*

C'est dans le sous-sol de leur maison que Bill et Geneviève Gore ont fondé W. L. Gore & Associates en 1958 [...]. Le célèbre GORE-TEX®, découvert en 1969, tissu durablement imperméable offrant une « respirabilité » optimale, s'inscrit dans cette perspective. La richesse du savoir-faire technique de Gore a contribué à la mise au point de technologies innovantes et fiables qui permettent de changer la donne pour les populations du monde entier. Gore est aujourd'hui l'une des 200 plus grandes entreprises américaines non cotées en Bourse.

Document 11 *W. L. Gore France, meilleur employeur 2015*

W.L. Gore est première des « entreprises où il fait bon travailler », catégorie moins de 500 salariés, selon l'édition 2014 du Palmarès des entreprises où il fait bon travailler, publié chaque année par l'institut indépendant Great Place to Work®. Ce palmarès est établi à partir d'une enquête réalisé auprès des salariés et d'une analyse des pratiques managériales de chaque entreprise postulante. [...] Gore France offre des conditions de travail supérieures pour les employés tout en leur permettant de développer leurs talents. [...] « Nos associés sont le facteur de la réussite de Gore », souligne Frédéric F. Amariutei de W.L. Gore France. « Nous travaillons dans un esprit de partenariat pour faire avancer notre entreprise et stimuler son développement. Des conditions de travail agréables et la possibilité pour chacun de s'épanouir et de s'engager sont indispensables à cette fin. »

www.greatplacetowork.fr

Document 12 *Déterminer soi-même son salaire ? C'est possible !*

Une seule matière première, mille produits sur le marché, deux mille brevets au niveau international ! [...] Mais sa notoriété, l'entreprise américaine la doit aussi à son mode de management innovant : depuis plus de cinquante ans, elle fonctionne sans chefs, sans hiérarchie, sans postes figés. Chaque salarié est actionnaire de la société... et les profits sont substantiels. [...]. Gore a eu la bonne idée de miser dès le départ sur les possibilités des travailleurs : la société est donc organisée en une multitude de petites équipes sans aucune structure pyramidale : les managers sont quant à eux remplacés par des leaders, nommés par le groupe... et qui ne gagnent pas forcément plus. Résultat des courses : des travailleurs heureux, donc plus créatifs, plus innovants, plus efficaces.

www.references.be

Document 13 *Les leviers de motivation ou comment mobiliser les collaborateurs*

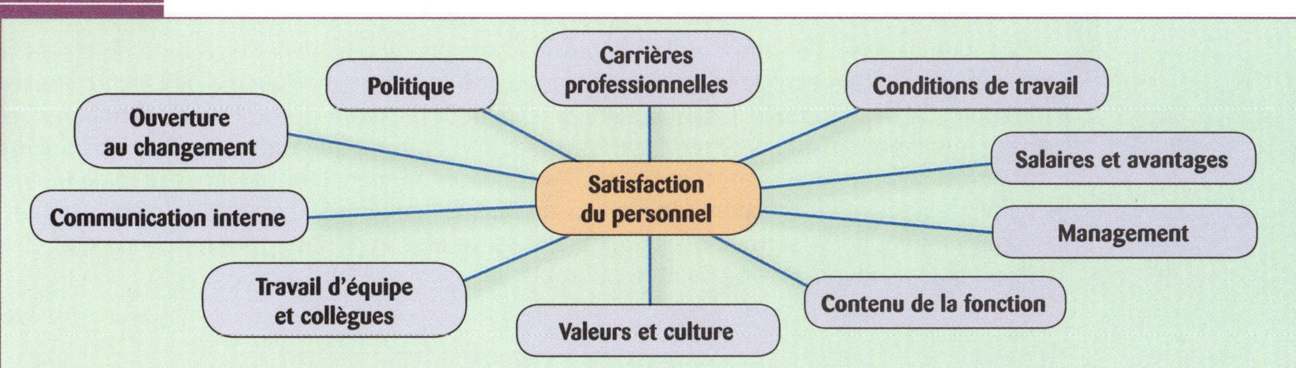

Questions

1. Quel est le métier de l'entreprise W. L.Gore ? Sur quels éléments repose son avantage concurrentiel ?
2. Quel prix a obtenu l'entreprise en 2014 ? Pour quelle raison cette récompense est-elle importante pour cette entreprise ?
3. À partir du document 13, identifiez les facteurs de motivation des salariés de l'entreprise W. L. Gore.
4. En quoi la satisfaction des salariés chez W.L. Gore améliore-t-elle la performance de l'entreprise ?

III La culture d'entreprise et l'implication des salariés

CAS Decathlon

Document 14 *Decathlon, « À fond la forme »*

Créé en 1976 dans le Nord, le célèbre magasin d'articles de sport, devenu « l'enseigne de sport préférée des Français », poursuit son développement à travers le monde. L'enseigne possède 650 magasins dont 250 dans son pays natal. Elle emploie 45 000 collaborateurs et réalise 54 % de son chiffre d'affaires à l'international. Sa devise : « Créer l'envie et rendre accessibles au plus grand nombre le plaisir et les bienfaits du sport ».

Document 15 *Le gilet, tout simplement*

Chaque enseigne de la distribution adopte un code vestimentaire. Marque de reconnaissance et d'appartenance, le vêtement est un « incontournable », comme le tablier chez Nicolas ou les vêtements de la marque chez Desigual ou Gap. Chez Decathlon, c'est la simplicité et le côté pratique qui ont été privilégiés : un gilet sans manches, blanc et bleu, aux couleurs de la marque, en cohérence totale avec le style de l'enseigne.

Document 16 *Extrait de l'interview de Jérôme Bonduelle, responsable de rayon chez Decathlon*

« Quelle est la journée type d'un responsable de rayon ? »

« La journée type d'un responsable de rayon commence bien avant l'ouverture du magasin aux clients : l'équipe magasin se réunit quelques minutes pour réaliser un point chiffré et fixer les objectifs de la journée. Chaque matin à 10 h, nous recevons la livraison de marchandises par camion pour assurer une remise en rayon des produits rapide avant midi. L'après-midi est principalement consacré au commerce : les vendeurs animent leur rayon, assurent la bonne tenue du linéaire et la disponibilité envers les clients [...]. Entre 17 h et 19 h, c'est le *money time*, moment de la journée où le flux client est le plus important, tout le monde doit être disponible en rayon, y compris le responsable de rayon. »

www.anciens.iseg.fr

Document 17 *Le dialogue, moteur de la motivation chez Decathlon*

Grâce à un entretien tous les mois avec son supérieur, le « decathlonien » se sent épaulé et motivé [...]. Tous les mois, chaque responsable de rayon rencontre son directeur de magasin pour faire la liste de ce qu'il a aimé et pas aimé durant ces quatre dernières semaines et dresser un bilan économique sur les résultats du rayon. Puis, chaque chef de rayon reproduit ce rituel à l'identique avec chacun des salariés de son équipe.

www.lsa-conso.fr

Document 18 *Extrait de l'enquête « Collaborateurs gagnants » menée en interne*

Cette enquête avait pour objectif de mesurer la satisfaction des collaborateurs au sein de leur entreprise Decathlon.

➢ La « performance et l'efficacité au travail » marquent une hausse de 6 % en un an.

➢ 96 % des « Decathloniens » se disent « performants et efficaces dans leur travail ».

➢ 87 % affirment venir au travail avec plaisir.

➢ 88 % soutiennent le projet de l'entreprise en le jugeant en adéquation avec leur vision.

Document 19 *Qu'est-ce que la culture d'entreprise ?*

La définition de la culture d'entreprise repose sur trois éléments : c'est un ensemble de références ou de valeurs (élément 1) partagé par les membres d'une organisation (élément 2) construites tout au long d'une histoire propre à chaque entreprise (élément 3).

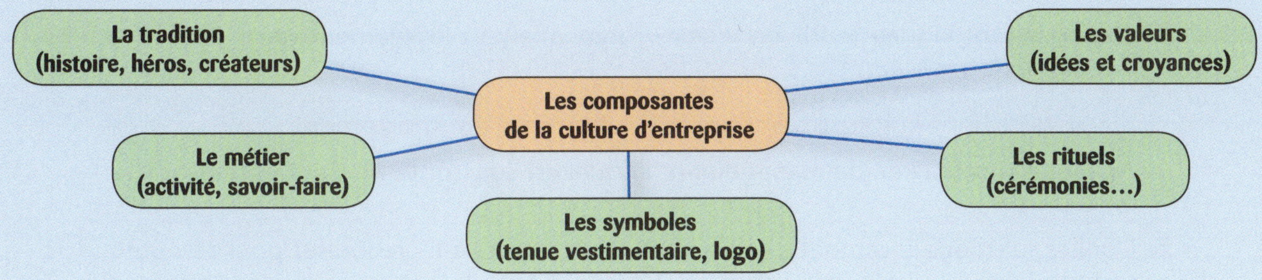

Document 20 *La théorie du décideur politique de Cyert et March*

L'entreprise est à la fois un lieu de conflits et de consensus. Les parties prenantes défendent leurs intérêts personnels : les salariés veulent pérenniser leur emploi et améliorer leur salaire, les actionnaires cherchent à maximiser leurs dividendes, les dirigeants veillent à améliorer la rentabilité de l'entreprise. Cependant, chacun a intérêt à dépasser ces divergences profondes : en effet, si l'entreprise prospère, salariés, actionnaires et dirigeants pourront prétendre à une meilleure récompense. Par conséquent, les différents acteurs de l'entreprise vont discuter entre eux pour trouver des compromis, plus ou moins éloignés de leurs intérêts personnels. C'est précisément la théorie de Cyert et March : l'entreprise pousse les individus à négocier et à faire des choix pour le bien de la collectivité, comme le ferait un homme politique face à une problématique. Dans cette recherche de consensus, la culture d'entreprise joue un rôle fondamental : rassembler autour de valeurs partagées par tous, « resserrer les rangs », pour tendre vers plus de performance et de pérennité.

Questions

1. Identifiez les valeurs de l'entreprise Decathlon.
2. À partir du document 19, relevez les éléments qui fondent la culture de l'entreprise Decathlon.
3. Quelle est l'influence de cette culture d'entreprise sur les « Decathloniens » ? En quoi contribue-t-elle au succès de l'entreprise ?
4. À partir du document 20, résumez brièvement la théorie du décideur politique de Cyert et March.
5. Montrez que la théorie de Cyert et March est applicable à l'entreprise Decathlon.

Cas d'entreprise

Les compétences attendues

- **Réaliser un diagnostic ou une partie de diagnostic.**
- **Identifier et expliquer les choix stratégiques d'une entreprise.**
- **Repérer et justifier les modalités de développement stratégique choisies par une entreprise donnée.**
- **Choisir les leviers de motivation qui concilient l'objectif de l'entreprise et la satisfaction du besoin de l'individu.**

Questions

Après avoir pris connaissance du cas Benmatic et des ressources proposées, réalisez une étude en répondant aux questions suivantes.

I. Analyse de la situation de l'entreprise

1. Relevez les éléments du diagnostic stratégique de la SARL Benmatic en appliquant la méthode FFOM (SWOT).

2. Qualifiez la stratégie de la SARL Benmatic et identifiez la modalité de croissance utilisée par l'entreprise. Justifiez votre réponse.

3. En appliquant la théorie VIE de Victor Vroom, analysez les éléments de la démotivation du salarié Roger Maurin.

II. Identification du problème de management

4. Analysez le problème de management auquel est confronté M. Gautier dans son entreprise.

5. Quelles solutions le cabinet de conseil Opti-RH pourra-t-il préconiser pour résoudre ce problème ?

Le dossier comprend

- Le cas Benmatic
- Les ressources documentaires :

Annexe 1 La GRH chez Olivaris
Annexe 2 Extrait du site d'Opti-RH

Le cas Benmatic

La SARL Benmatic a été créée en 1976 à Rennes. Sans un sou en poche, M. Gautier, ajusteur de profession, a commencé la fabrication de flexibles hydrauliques pour équiper les camions dans un petit local loué.

Un développement harmonieux

Peu à peu, son activité se développe et le sérieux de l'entreprise lui procure rapidement une notoriété. Ses clients, les vendeurs de camions, les entreprises de transport et les agriculteurs, viennent de plus en plus nombreux. Un an après les débuts de son entreprise, il commence à embaucher et achète de nouvelles machines. En 1978, il décide de démarrer une nouvelle activité, le « ceintrage », qui consiste à couder des tubes d'acier pour l'équipement des machines agricoles et de travaux publics. En 1981, il investit dans la construction de sa propre usine dans la zone industrielle de Loisel. Disposant de locaux plus grands, M. Gautier décide dès 1986 de proposer le montage sur mesure de grues et de bennes sur des camions. La SARL Benmatic est aujourd'hui une belle PME de 15 salariés et se positionne comme leader sur son marché local.

Retournement de conjoncture

En 2013, la société connaît une double crise sans précédent. La crise économique et financière pénalise les comptes de la société : les clients ont encore des besoins mais ont du mal à payer leurs factures. Parallèlement, la société est confrontée à un problème de qualité. Les retours de clients insatisfaits se multiplient. Les salariés sont moins attentifs à leur travail. Ils se plaignent de leurs conditions d'emploi. M. Gautier peine à obtenir de la souplesse dans les horaires de travail pour faire face aux aléas de la demande. De plus, certaines qualifications sont introuvables : les ajusteurs et les tourneurs se font rares, si bien que M. Gautier est contraint de garder ses salariés actuels même

▶▶▶

Benmatic et la motivation des salariés

▸▸▸

si leur implication fait défaut. Démuni face à cette situation inquiétante, il décide de contacter le cabinet de conseil Opti-RH, spécialisé en gestion des ressources humaines des PME, qui débute sa mission par des entretiens.

Extrait de l'entretien entre M. Gautier et le consultant du cabinet Opti-RH

Opti-RH : « *Comment considérez-vous les salariés de votre entreprise ?* »

M. Gautier : « Avant tout comme une force de travail indispensable à l'activité de mon entreprise. Benmatic leur donne un salaire au prix du marché en leur laissant la possibilité de travailler à côté de chez eux. Je respecte mes salariés et la législation sociale en vigueur. »

« *Quels avantages donnez-vous à vos salariés ?* »

« Les heures supplémentaires leur sont intégralement payées. Les salariés ne vont qu'aux formations indispensables à leur travail car, dans la petite entreprise, le planning journalier est très serré. Nous organisons un repas de Noël. Nous n'avons pas pensé à d'autres avantages car il y a très peu de *turn-over* chez Benmatic. »

Extrait d'un entretien entre Roger Maurin, salarié de la SARL Benmatic, et le consultant du cabinet Opti-RH

« Je suis salarié de l'entreprise depuis quinze ans. Aujourd'hui, je cherche à trouver une place de mécanicien-monteur ailleurs, mais le marché du travail sur la région est peu favorable actuellement. J'ai toujours fait du bon travail chez Benmatic, mais je n'ai pas l'impression d'être récompensé à ma juste valeur. Certes, mes heures supplémentaires me sont justement payées. Mon salaire évolue au rythme de 2 % par an. La seule prime est accordée à tous : c'est un demi-treizième mois. Je touche autant que celui qui fait un moins bon travail que moi. Je pense que j'essaierai d'intégrer une entreprise plus grande avec plus d'avantages. »

Annexe 1

La GRH chez Olivaris

L'entreprise Olivaris est spécialisée dans la fabrication de sirops à l'ancienne. Grégoire Lorin, le gérant, cultive et revendique au sein de sa société une image d'entrepreneur paternaliste à l'ancienne. Cet autodidacte issu d'une famille d'ouvriers défend l'entreprise à visage humain. Lui qui a gravi tous les échelons accorde une place centrale à la formation continue, « qui change la donne », selon lui. La recherche du profit a clairement des limites : on ne peut pas assurer la pérennité de son entreprise sans l'adhésion des salariés. Il faut donc veiller à leur épanouissement en prenant en compte leurs aspirations. Dernièrement, en plus des primes collectives et individuelles, les collaborateurs ont la possibilité d'adhérer à un Plan épargne entreprise. Des tickets restaurant devront faire leur apparition. Une réflexion est menée sur la possibilité d'intéresser les salariés au capital de l'entreprise.

Annexe 2

Extrait du site d'Opti-RH

Un management efficace des ressources humaines, c'est la base de la productivité et de la performance. Outre une documentation en ligne, nous proposons aussi un accompagnement spécifique des chefs d'entreprise sur le terrain. Après un audit approfondi des ressources humaines au sein de l'entreprise, nous aidons les dirigeants de PME à prendre des mesures efficaces pour optimiser la GRH. La fonction RH ne se limite pas à embaucher, payer et virer le personnel ! Un conseil RH peut agir sur des problèmes beaucoup plus vastes : le recrutement, la communication interne, les relations sociales, la formation, les conditions de travail, l'organisation du travail, la gestion des compétences, le droit social, le climat social, la culture d'entreprise.

www.opti-RH.com

Sens de la leçon

Motivation des salariés et culture d'entreprise

1 La motivation des salariés est source de performance.

Prise en compte des besoins des salariés → Motivation des salariés → Performance de l'entreprise

2 Différentes théories permettent la prise en compte des besoins des salariés.

- La pyramide des besoins de Maslow
- L'analyse bifactorielle d'Herzberg
- La théorie des attentes de Vroom

3 La motivation des salariés peut être renforcée grâce à différents facteurs.

Individuels
- La politique salariale
- La formation
- La promotion et la gestion de carrière
- L'enrichissement des tâches

Relationnels
- La communication dans l'entreprise
- L'ambiance de travail et la relation aux autres
- Le sentiment d'appartenance (la culture d'entreprise)

4 La culture d'entreprise est également source de cohésion et de motivation chez les salariés.

- C'est un ensemble de valeurs partagées par les membres de l'entreprise.
- Elle se compose d'habitudes, de valeurs, communes, de rites, de tabous...

5 Selon Cyert et March, la culture d'entreprise permet de faire converger les intérêts individuels des parties prenantes vers les objectifs communs de l'entreprise.

Les individus ont, au sein de l'entreprise, des objectifs divergents qu'ils dépassent par la négociation. → L'adhésion à des valeurs communes facilite la recherche de ce « compromis » entre les parties prenantes.

Les mots-clés

Motivation – Besoin – Culture d'entreprise – Politique salariale – Promotion – Formation – Performance.

préparation à l'épreuve

S'entraîner au BTS n°2

Santarelle ou le défi de la GRH dans les PME

Les compétences attendues

- Réaliser un diagnostic ou une partie de diagnostic
- Identifier et expliquer les choix stratégiques d'une entreprise
- Évaluer les besoins en ressources humaines dans une situation contextualisée
- Proposer des actions appropriées dans le cadre d'une gestion des emplois et des compétences

Travail à faire

Après avoir pris connaissance du cas Santarelle et des ressources proposées, réalisez une étude en répondant aux questions suivantes.

I. Analyse de la situation de l'entreprise

1. **En vous appuyant sur le modèle LCAG, réalisez le diagnostic stratégique de l'entreprise Santarelle.**

2. **Qualifiez la stratégie globale de Santarelle à la suite du rachat de l'entreprise Esprits parfumés. Expliquez les risques liés à ce rachat pour l'entreprise Santarelle.**

3. **Caractérisez la structure de Santarelle.**

4. **Recensez les leviers de motivation mis en place pour les salariés par les dirigeants de l'entreprise Santarelle. Quels autres moyens de motivation peuvent être proposés ?**

II. Identification du problème de management et proposition de solutions

5. **Identifiez le problème de management auquel est confrontée l'entreprise Santarelle, en lien avec la croissance de l'entreprise. Quelles en sont les causes ?**

6. **Proposez des solutions permettant à l'entreprise Santarelle de remédier au problème de management. Argumentez votre réponse.**

7. **Indiquez et explicitez les conséquences qui en découlent en matière de gestion des ressources financières et humaines.**

LE DOSSIER COMPREND :

- Le cas Santarelle
- Les ressources documentaires :
  - **RESSOURCE 1** : La fracture RH : les PME laissées pour compte ?
  - **RESSOURCE 2** : Externalisationrh.com conseille les PME dans l'optimisation de leur GRH
  - **RESSOURCE 3** : Bio'miam : menu GRH

Le cas Santarelle

Santarelle

Une entreprise familiale

En 1805, Justin Guéguan fonde sa parfumerie artisanale sur le site de Grasse, capitale du parfum : il la nomme Santarelle. C'est une grande fierté pour ce fils de récoltants issu d'une vieille famille grassoise qui a commencé dans le secteur en récoltant la Centifolia (la rose unique du pays grassois), à la main, dans les champs de Pegomas. En 1930, la société est rachetée par une famille de Strasbourg pour être revendue trois ans après à Lucien Audibert, chef d'entreprise. À partir de 1945, confrontée à un marché national fermé, la société Santarelle s'ouvre aux marchés extérieurs, en pleine expansion et plus lucratifs. À partir des années 1980, Santarelle fait figure d'entreprise moderne : plus grande, plus internationale et plus connue. Les petits-fils de Lucien Audibert, Rodolphe et Rémi, prennent la direction de l'entreprise en 1996.

L'entreprise est une société anonyme à directoire et conseil de surveillance au capital de 1 200 000 euros. Rémi Audibert est président du directoire, chargé du développement technique de l'entreprise, et Rodolphe Audibert est directeur général, chargé de la gestion du personnel et du développement commercial. Leur père siège au conseil de surveillance, organe de contrôle de la direction.

Une croissance prudente et maîtrisée

La société s'est spécialisée dès son origine dans le traitement de matières premières aromatiques locales telles que le jasmin, la rose, la feuille de violette ou le mimosa puis a étendu son expertise aux matières premières d'importation comme le patchouli, la fève de tonka, l'ambrette, le styrax ou le benjoin. L'entreprise n'a eu de cesse d'améliorer constamment son outil de production : elle est très vite passée de la distillation aux nouvelles techniques d'enfleurage puis d'extraction par les solvants volatils dans les années 1920. Elle a ensuite exploré les techniques de distillation fractionnée dans les années 1950 et puis de distillation moléculaire. Plus récemment, et avec le fort développement observé dans le domaine des arômes alimentaires, elle a développé une large gamme d'ingrédients naturels, comme les extraits de poissons.

En 2000, la société a ouvert un deuxième site de production. Située au Plan de Grasse, cette nouvelle unité s'étend sur 800 m². À ce jour, Santarelle répartit équitablement son chiffre d'affaires entre ses trois métiers différents, la parfumerie, les arômes et la matière première, qui relèvent de savoir-faire très spécifiques.

Santarelle a aujourd'hui une vraie dimension internationale qui ne cesse de s'étendre. Elle exporte 80 % de son chiffre d'affaires vers l'Asie et l'Europe (35 %), l'Amérique du Nord (15 %), l'Amérique du Sud (10 %) et l'Afrique du Nord (5 %). Pour cela, elle dispose d'un réseau d'agents compétents qui assurent une présence efficace sur plus de 50 marchés. Elle a comme projet de renforcer la part de la Chine et de l'Inde dans son chiffre d'affaires car la croissance de la demande y est très forte.

Le rachat d'Esprits parfumés, une première pour Santarelle

En 2012, l'acquisition de la société Esprits parfumés (trois fois moins importante que Santarelle) a permis à l'entreprise de franchir une étape importante de son développement et d'acquérir un robot de pesée automatique Roxane A pour la production de ses compositions parfumées. Esprits parfumés, créée en 1989, était confrontée à des difficultés financières après d'importants investissements. Les 18 salariés de feu l'entreprise Esprits parfumés rejoignent l'entreprise Santarelle.

C'est la première opération de rachat d'entités pour l'entreprise Santarelle, qui peut alors élargir son activité aux compositions parfumées (utilisées en parfumerie fine, cosmétique, produits de toilette, détergents, produits industriels) tout en restant centrée sur son métier et son savoir-faire initial.

Après une période de méfiance, les « ex-Esprits parfumés » ont pris leurs marques. Santarelle, petite entreprise à structure simple, se transforme en 2012 en une structure de 80 salariés plus complexe. Tout prend une autre dimension, y compris la gestion des ressources humaines.

La place des ressources humaines

Les dirigeants de Santarelle sont persuadés que sans le savoir-faire de ses salariés, sans leur motivation au quotidien, l'entreprise n'est rien. Au sein de l'entreprise, le turn-over est réduit : l'ancienneté est en moyenne de 17 ans et l'âge moyen est de 43 ans. On peut conclure que les salariés sont fidèles.

L'entreprise s'efforce de motiver le personnel par la promotion, la formation et la politique salariale. Santarelle paie les salariés au-dessus des minima prévus par la convention collective nationale de l'industrie chimique. Les différents avantages (tickets restaurant, mutuelle, primes…) sont négociés avec la délégation unique, élue par le personnel et tenant lieu de comité d'entreprise et de délégué du personnel. Au-delà de l'aspect financier, il y a surtout l'ambiance de travail fondée sur la confiance et la cohésion.

Une gestion des ressources humaines balbutiante

En termes d'effectifs, la gestion des ressources humaines de Santarelle est assez pragmatique : l'entreprise recrute quand elle en a besoin. La direction considère que la GPEC est un dispositif de grande entreprise. Santarelle n'est pas différente des autres PME : la gestion quotidienne et opérationnelle et la nécessité de « parer au plus pressé » prennent le pas sur les grandes prévisions de l'avenir. Mais les dirigeants sont conscients que, compte tenu de la croissance de l'entreprise, la façon de gérer le personnel touche ses limites. En effet, le développement international de l'entreprise prend de plus en plus de temps à Rodolphe Audibert, qui a donc moins de temps à consacrer à la gestion du personnel. Et la législation sociale est de plus en plus contraignante et très changeante, ce qui provoque parfois des erreurs, l'une d'elle ayant conduit l'entreprise devant le conseil des prud'hommes à propos d'un licenciement mal organisé… En raison de quoi Santarelle laisse passer les occasions de rachat d'entreprises par « peur » d'avoir davantage de ressources humaines à gérer. De même, la formation des salariés n'est pas la priorité de l'entreprise : le DIF (droit individuel à la formation) est très peu proposé chez Santarelle, faute d'une vraie gestion des compétences.

Des contraintes diverses

Les contraintes pesant sur l'entreprise sont de plusieurs ordres. Tout d'abord, le développement des contraintes réglementaires et environnementales : les sociétés du secteur sont de plus en plus soumises à des normes de sécurité, comme l'adoption des normes OHSAS 18001 en matière d'hygiène et de sécurité. Le développement rapide de ces normes de sécurité impose l'emploi de salariés compétents dans ce domaine spécifique pour mettre en place et suivre les procédures imposées. Cet aspect sécurité est fondamental car le moindre accident engage la responsabilité « sans faute excusable » des dirigeants.

L'avenir de Santarelle

La volonté des dirigeants de l'entreprise est claire : poursuivre le développement international, prendre part aux discussions sur des sujets sensibles (le retraitement des déchets notamment). Enfin, gérer la croissance en levant les freins internes, en particulier organisationnels, liés à la gestion des ressources humaines.

Organigramme de Santarelle (après le rachat d'Esprits parfumés)

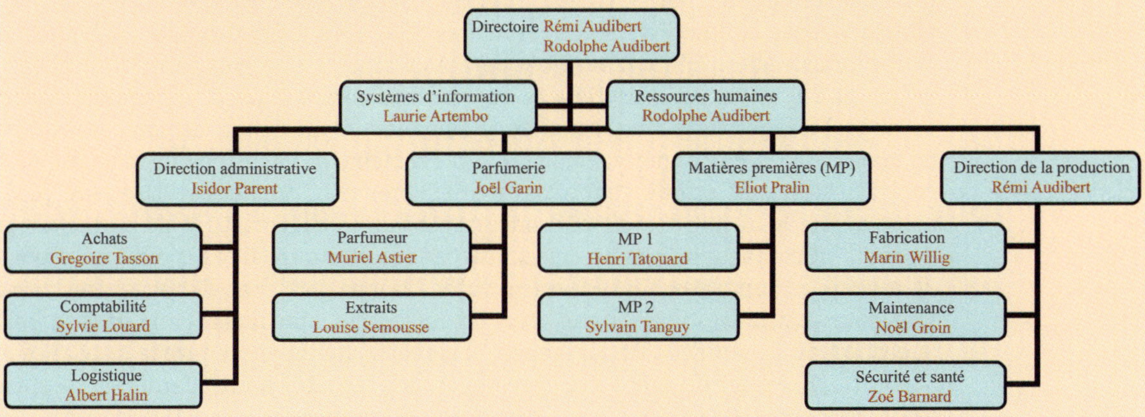

Ressource 1 *La fracture RH : les PME laissées pour compte ?*

La performance d'une entreprise passe par la performance individuelle et collective de ses salariés. La gestion des ressources humaines (GRH) a comme objectif de mobiliser et de développer les compétences du personnel pour une plus grande efficacité de l'organisation. Les grandes entreprises l'ont bien compris, elles consacrent 3,5 % de leur masse salariale au financement de la fonction ressources humaines [...].
Entre les PME et les grandes entreprises, la fracture RH se creuse. Les PME de moins de 300 salariés n'ont généralement pas la taille critique pour disposer d'une fonction RH clairement établie : 63 % des PME n'ont pas de directeur des ressources humaines et pour les 37 % des PME qui disposent d'une personne en charge de la fonction RH, cette mission ne représente qu'une activité à temps partiel ! [...]
Le développement des compétences n'est pas mieux loti. La loi de 2004 relative à « la formation professionnelle tout au long de la vie » comprend notamment une obligation individuelle de formation (et non plus collective) qui se traduit par un droit individuel de formation (DIF) de 20 heures par an à l'initiative du salarié (et non plus de l'employeur). Près d'un tiers des PME n'a pas entendu parler de ce dispositif et la grande majorité des PME n'a pas intégré cette contrainte légale dans ses pratiques de gestion interne [...].
Les PME concentrent leurs moyens humains et financiers sur leur cœur de métier et sur leurs problématiques opérationnelles. Une GRH adaptée nécessiterait des compétences et des expertises fort coûteuses à acquérir et à entretenir. [...]
Cependant, il faut prendre conscience que l'investissement des PME dans des pratiques de GRH conditionne leur rentabilité et leur capacité concurrentielle.

Thomas Chardin, *www.cerclerh.com*

Ressource 2 *Externalisationrh.com conseille les PME dans l'optimisation de leur GRH*

Les dirigeants des PME sont souvent polyvalents : la comptabilité, le commercial, le juridique... ils interviennent sur de nombreux sujets. Bien entendu, très vite, ils doivent se pencher sur les enjeux RH, cruciaux pour une petite structure. En effet, à un moment donné, pour permettre la pleine croissance de leur PME, les dirigeants doivent prendre conscience de la nécessité de confier leur GRH à des spécialistes parce qu'ils n'ont eux-mêmes plus le temps. Deux options s'offrent alors à eux : tout gérer en interne ou confier à l'extérieur une partie des missions RH.
De nombreuses pratiques innovantes se développent, pour autant que le chef d'entreprise accepte de « lâcher un peu de terrain »... L'externalisation offre un accès à des compétences clés à un coût défini.
Elle touche alors en premier lieu certains domaines techniques, moins qualitatifs : 80 % de l'externalisation concerne d'abord la paie. Le temps partagé peut être une autre voie possible. Pour les PME/PMI qui sont à la recherche de compétences pointues mais qui n'ont ni les moyens ni le besoin de recruter un expert à plein-temps, le temps partagé est la solution. De plus en plus de PME « s'offrent » un vrai DRH à temps partiel.

Ressource 3 *Bio'miam : menu GRH*

Michel Soulisse est un homme heureux : il s'assoit à son poste de PDG pour piloter son entreprise. Il n'a plus à faire le chef de cabine ! L'entreprise Bio'miam est spécialisée dans la fabrication de plateaux-repas bio dans la région de Nantes. Elle livre les entreprises 24 heures sur 24 dans les zones industrielles. Elle a connu ces dernières années une très forte croissance, surfant sur la vague du « tout naturel certifié » et du « fait maison ». Mais, il y a deux ans, Michel Soulisse a eu du mal à faire face à l'explosion de la demande, « par défaut de compétence dans le domaine de la gestion du personnel », comme il dit. Problème de recrutement, manque de qualifications, contrats de travail erronés, procès aux prud'hommes... Michel Soulisse perd pied ! Après avoir laissé passer le rachat d'un de ses concurrents qui lui coûtera 10 % de parts de marché, il décide de réagir. Il contacte un cabinet spécialisé dans la GRH qui l'aide à mettre en place un vrai service de ressources humaines. Un DRH est recruté, à temps partiel au début, et très vite à temps plein. Puis deux assistantes spécialisées dans les ressources humaines (l'une dans la paie, l'autre dans la gestion du personnel). Dernièrement, il a embauché un jeune juriste spécialisé en droit social. Son entreprise était fin prête à se développer : il a racheté l'année dernière une entreprise concurrente de Rennes, Bio-dine, faisant croître son entreprise de 100 à 150 salariés.

8 L'optimisation des ressources technologiques et des connaissances

LE RÉFÉRENTIEL

4. Mobiliser les ressources *(20 heures)*
4.1. Mobiliser les ressources humaines *(11 heures)*

Les compétences attendues	Le plan du chapitre
• Justifier le choix d'organisation de la production d'une entreprise	**I. Les choix d'organisation de la production** A. Les objectifs de l'organisation de la production B. La stratégie et l'organisation de la production
• Analyser les enjeux et les modalités d'une politique d'innovation	**II. L'innovation** A. Les enjeux de la politique d'innovation B. Les modalités de la politique d'innovation
• Analyser les enjeux et les modalités d'une politique de management des connaissances	**III. Le management des connaissances**

Mise en situation

Étudiant(e) en BTS assistant de gestion, vous consacrez vos premières journées de stage à la découverte de l'entreprise Sedil et de sa stratégie. Cette entreprise normande est spécialisée dans le conditionnement de produits laitiers et utilise le procédé Tetra Brik.

Le dirigeant de Sedil vous explique la nécessité de diversifier les activités sur un marché en pleine croissance : le conditionnement de jus de fruits.

Cette diversification nécessite la maîtrise des procédés de désinfection des bouteilles plastique afin de garantir la qualité des conditionnements.

En discutant avec le responsable du laboratoire de recherche, vous comprenez que cette innovation repose sur un partenariat entre l'Université de Normandie et les équipes de Sedil, qui croisent ainsi leurs savoir-faire pour l'élaboration de nouvelles machines. Ce partage de compétences a été rendu possible grâce à l'utilisation d'un espace numérique de travail permettant d'échanger les expériences et les propositions.

Questions

1. Qualifiez la nouvelle stratégie de Sedil.
2. Quelle modification l'entreprise doit-elle opérer dans l'organisation de la production pour réussir cette nouvelle stratégie ?
3. Quel est le rôle de l'innovation dans la mise en œuvre de la stratégie de Sedil ?
4. Comment l'entreprise associe-t-elle les salariés à cette nouvelle stratégie ?

I Les choix d'organisation de la production

A. Les objectifs de l'organisation de la production

CAS Arcelor-Mittal

Document 1 *Les objectifs de la fonction productive*

1. La recherche de l'efficience
L'organisation de la production est efficiente si elle atteint le résultat visé en optimisant les ressources allouées. Traditionnellement, cette efficience s'obtient en agissant sur le levier de la force de travail afin d'obtenir des gains de productivité. Cette recherche de l'efficience se traduit désormais par une chasse aux coûts permanente, à travers l'optimisation de l'ensemble des processus.

2. La recherche de la qualité totale
La qualité totale est une démarche d'amélioration de la performance des produits qui associe tous les composants de l'organisation afin de mieux satisfaire les clients. Elle représente, pour l'entreprise, plusieurs types d'impératifs : économiques (en réduisant les pertes, les rebuts), stratégiques (en favorisant l'émergence d'une image de marque), organisationnels (en fiabilisant les processus de fabrication) et humains. La qualité totale est une culture d'entreprise dont les objectifs et les procédures doivent imprégner l'ensemble des opérationnels.

3. La recherche de flexibilité
Les entreprises qui font des productions en série de biens de consommation (automobiles, meubles, vêtements) cherchent à présenter différentes versions à partir d'un modèle de base pour répondre à la diversité des goûts des consommateurs. Pour ce faire, l'entreprise installe des machines dont les changements de réglage peuvent s'effectuer rapidement, par les opérationnels eux-mêmes.

Management, Nathan, Groupe Revue Fiduciaire.

Document 2 *La recherche d'une organisation efficace de la production*

Arcelor-Mittal est un groupe d'origine indienne spécialisé dans la fabrication de tous types d'aciers. Il produit plus de 119 millions de tonnes d'acier (8 % de la production mondiale) pour un chiffre d'affaires de 79,4 milliards de dollars (2013).

Bien que leader sur son marché, Arcelor-Mittal évolue dans un environnement fortement concurrentiel. Les menaces proviennent en particulier du sud-coréen Posco et du japonais Nippon Steel. Par ailleurs, la fabrication de l'acier est fortement dépendante de ses principales matières premières : le fer et le charbon.

Depuis quelques années, des entreprises du groupe Arcelor-Mittal travaillent à l'amélioration de la productivité afin de rester compétitives. La TPM *(Total Productive Maintenance)* est une technique qui permet d'intégrer les travaux d'entretien, de dépannage et de réparation sans interrompre ou ralentir la production. Pour cela, les salariés sont directement parties prenantes de la maintenance. Ils sont formés à la maintenance préventive et disposent en conséquence d'une plus grande autonomie dans l'exécution de leur travail. L'objectif est d'améliorer l'efficacité du système de production en réduisant les causes de perte de rendement.

La TPM doit aussi permettre de maîtriser la qualité des productions : « *C'est sans doute là le volet le plus intéressant de la TPM : nous savons maintenant comment arriver à zéro-panne,* indique Robert Dapère. *Certaines machines atteignent déjà cet objectif.* »

Questions

1. Expliquez de quelle façon Arcelor-Mittal a amélioré son efficience.
2. En quoi la TPM contribue-t-elle à l'objectif de qualité ?
3. Quel est l'intérêt de la maintenance préventive pour les salariés ?
4. En quoi la TPM donne-t-elle davantage de souplesse à l'organisation de la production ?
5. Montrez qu'Arcelor-Mittal a atteint les objectifs associés à l'organisation de sa production.

B. La stratégie et l'organisation de la production

1. L'organisation de la production au service de la stratégie de domination par les coûts

CAS Dacia

Document 3 *Dacia, la culture* low-cost

« *L'esprit Logan, c'est la conception au juste nécessaire pour un produit défini au meilleur rapport qualité/prix pour le marché visé,* résume Odile Painciaticci, chef de projet ingénierie sur les premières Dacia de Renault. *Dès le début, nous avons pris l'habitude de mener des missions internationales pour comprendre les besoins et les contraintes de ces marchés cibles.* » Tous ont en commun l'exigence de la robustesse et de la fiabilité, puisqu'ils sont amenés à rouler dans des conditions routières et climatiques difficiles. Deuxième étape, pister les composants. « *Chaque fonction a un coût,* souligne Arnaud Debœuf, directeur du programme Entry, l'entité qui pilote chez Renault le développement de la gamme *low-cost. À nous d'atteindre l'objectif que nous nous sommes fixé en trouvant le fournisseur de la pièce en interne ou en externe, en travaillant avec lui le dessin et le process pour la mettre en œuvre, manuel ou robotisé. Pour l'airbag de siège de la nouvelle Logan, nous avons gagné quelques centimes d'euro en insérant le "ballon" dans un pochon plutôt que dans une coque en plastique, pour les mêmes performances en matière de sécurité.* »

En interne, c'est la politique du *carry over*. « *Reprendre un élément utilisé pour un autre modèle du groupe est à la fois un choix économique et une garantie de fiabilité,* poursuit Arnaud Debœuf. *Quand nous réutilisons le train arrière de la Renault Kangoo pour notre monospace Lodgy, nous sommes sûrs qu'il a été validé par des artisans qui utilisent beaucoup leur véhicule.* » Cette méthode est devenue une vraie culture, un savoir-faire inestimable pour piocher dans la « banque de pièces » de l'alliance Renault-Nissan.

www.lexpansion.lexpress.fr

Document 4 *Produire en Afrique, la nouvelle priorité chez Renault*

Chez Renault, l'Afrique est redevenue une priorité de développement. Carlos Ghosn a inauguré l'usine d'Oued Tlelat, près d'Oran en Algérie. [...]

Le complexe industriel d'Oued Tlelat assemblera la nouvelle Renault Symbol, modèle dérivé de la berline *low-cost* Logan connue en Europe sous la marque Dacia, à raison de 25 000 véhicules par an. Les différentes pièces viendront de l'usine roumaine de Pitesti. Renault, qui détient 49 % des parts du complexe contre 51 % à l'État algérien, a investi 50 millions d'euros dans ce projet. À terme, quelque 75 000 véhicules devraient sortir chaque année des chaînes de montage. L'Algérie est le deuxième marché automobile africain après l'Afrique du Sud et le premier du Maghreb pour Renault, qui y a écoulé 102 000 véhicules en 2013, soit 26 % des parts de marché. Vient ensuite le Maroc avec 47 000 véhicules (39 % des parts de marché), où le groupe a implanté une grande usine à Tanger. Inaugurée en 2012, elle a une capacité annuelle de 340 000 véhicules destinés au marché local et aux pays européens. Ces investissements entrent dans le cadre du plan stratégique 2016-17 du groupe, axé sur l'accélération à l'international, avec également la construction d'une première usine en Chine.

Profitant de l'essor démographique africain et de l'émergence d'une classe moyenne estimée à 300 millions d'individus, le constructeur rêve aussi d'installer une usine au Nigeria.

www.lopinion.fr, 10 novembre 2014.

Questions

1. Caractérisez la stratégie de Dacia (groupe Renault).
2. Expliquez les axes de développement de la stratégie de Dacia en Afrique.
3. Comment la politique de « *carry over* » contribue-t-elle à la réduction des coûts de production ?
4. Montrez que cette organisation de la production est au service de la stratégie de Dacia.
5. Peut-on considérer que la stratégie de Dacia est efficace ? Expliquez.

2. L'organisation de la production au service de la stratégie de différenciation

CAS Smoby

DOCUMENT 5 *Le type de production*

La production à flux poussé : cette notion correspond à un système dans lequel la production est lancée aussitôt que les matières premières sont disponibles, sans se préoccuper de l'existence de commandes ou des possibilités de vente. C'est la disponibilité des composants venant de l'amont qui déclenche l'étape suivante de fabrication (assemblage par exemple). Tous les produits finis sont destinée ensuite au stockage.

La production à flux tendu : le flux tendu correspond à une production régulière et maîtrisée de bout en bout. Il n'y a pas de stockage forcé. Tout le système est régulé grâce à des minimas de stocks et d'en-cours fixés le long de la chaîne de fabrication.

www.logistiqueconseil.org

DOCUMENT 6 *Smoby met sa R&D au service du jouet*

Smoby a su construire sa différence en s'appuyant sur une logique d'innovation. La majorité des fournisseurs de Smoby sont locaux. Cette relation de proximité permet non seulement une forte réactivité, mais également une réelle implication de la part des fournisseurs, qui apportent leur expertise au service de la recherche et développement (R&D). Les 15 ingénieurs et techniciens de ce service renouvellent chaque année entre un tiers et un quart de son catalogue. Cette stratégie a permis à Smoby de devenir un acteur majeur du marché du jouet pour enfants et en particulier sur le premier âge.

DOCUMENT 7 *Quand Smoby relocalise*

Chez Smoby, entreprise du groupe allemand de jouets Simba Dickie, 70 % des jouets sont réalisés dans l'Hexagone. Dans un marché mondial où dominent les jouets asiatiques, Smoby fait figure d'exception. La raison ? Plus pragmatique que philanthropique : la hausse des salaires en Chine (15 % d'augmentation par an), l'augmentation du coût de transport, la méfiance grandissante des parents vis-à-vis des jouets chinois après les scandales à répétition et une meilleure réactivité pour les clients français (Smoby vend 50 % de sa production en France).
Après s'être délestée en 2008 de 600 personnes sur les 1 080 salariés, Simba Dickie a beaucoup investi. En tout, ce sont plus de 30 millions d'euros qui ont été placés par le nouveau propriétaire allemand dans l'entreprise Smoby : formations pour rendre les salariés polyvalents et les faire « monter en compétences », achat de nouvelles machines, agrandissement des usines et construction de hangars de stockage.

blogs.rue89.nouvelobs.com

DOCUMENT 8 *Une production saisonnière chez Smoby*

« Notre métier est sûrement l'un des rares liés à une date-clé – Noël – et ce paramètre conditionne toutes nos relations avec nos fournisseurs. Lorsque nous passons des commandes suite à des besoins clients en novembre, nos fournisseurs doivent nous donner la priorité afin de réduire au maximum les délais de livraison à nos usines. Notre société connaît deux pics de saisonnalité (l'été, avec le mobilier de jardin, et l'hiver, bien sûr), ce qui signifie que nos approvisionnements pour l'été se font en priorité en mars, avril jusqu'à la mi-mai. »

www.decision-achats.fr, 7 octobre 2014.

Questions

1. Qualifiez la stratégie de Smoby.
2. Présentez les raisons qui poussent Smoby à choisir une stratégie de différenciation.
3. Identifiez le type de production chez Smoby. Expliquez son utilité au regard de la saisonnalité de l'activité.
4. Montrez que l'organisation de la production et le choix de relocaliser sont au service de la stratégie de Smoby.

II L'innovation

A. Les enjeux de la politique d'innovation

CAS Lucibel

DOCUMENT 9 *L'innovation pour se différencier*

Pour Lucibel, l'avenir s'annonce lumineux. La PME française conçoit des solutions d'éclairage LED, qu'elle vend déjà dans trente pays. Avec ses 210 collaborateurs en France et dans sept filiales à l'international, la société a réalisé 20 millions d'euros de chiffre d'affaires en 2013, trois fois plus qu'en 2012. L'entreprise surfe sur un marché très porteur. Selon Frédéric Granotier, président fondateur de Lucibel, « la technologie LED va s'imposer dans tous les secteurs de marché et dans tous les pays, dans les prochaines années, parce qu'elle permet une consommation d'électricité très faible. On divise par cinq, huit ou dix la consommation d'électricité par rapport aux éclairages traditionnels avec des durées de vie vingt fois plus longues et des qualités de lumière incomparables ». En France, les LED représentent aujourd'hui environ 30 % du marché de l'éclairage : au niveau mondial, ce marché est estimé à plus de 40 milliards d'euros. D'où la volonté de Lucibel de devenir une marque de référence. Pour cela, l'entreprise a choisi de proposer des solutions haut de gamme. « La révolution LED va bien au-delà de l'éclairage, car vous pouvez transmettre de la donnée à partir d'un luminaire LED. Lucibel a donc sorti une application qui permet au visiteur d'un musée de recevoir de l'information sur l'œuvre qu'il est en train de regarder à partir du luminaire qui est au-dessus de lui. »

www.lucibel.com

DOCUMENT 10 *La protection des innovations pour rester performant*

Chaque année, l'Institut national de la propriété intellectuelle (INPI) récompense les PME-PMI et les laboratoires français qui se distinguent par leur utilisation de la propriété industrielle comme support de leur stratégie de développement. Lucibel, experte en éclairage LED, a été choisie parmi de nombreuses entreprises d'Ile-de-France pour recevoir ce trophée.
L'innovation est véritablement au cœur de la stratégie de Lucibel, qui consacre plus de 5 % de son chiffre d'affaires à la R&D et a déjà déposé 22 brevets au cours des trois dernières années. Lors de la remise du trophée à Lucibel, Jean-Laurent Houot, directeur général délégué en charge de la Recherche et du Développement a indiqué : « L'innovation, sous toutes ses formes, est vraiment l'ADN de Lucibel. Notre capacité à sortir des sentiers battus pour innover et inventer sans cesse, puis intégrer ces innovations de rupture dans nos solutions d'éclairage LED, est notre force. »

www.lucibel.com

DOCUMENT 11 *Les partenariats de Lucibel*

Schneider Electric, leader mondial dans l'efficacité énergétique, a choisi Lucibel comme partenaire privilégié dans l'éclairage LED. Ce partenariat global inclut le codéveloppement de solutions complètes d'éclairage et leur distribution dans le réseau mondial de Schneider Electric. Ces solutions innovantes combinent l'expertise de Schneider Electric en distribution électrique et contrôle d'éclairage avec celle de Lucibel dans l'éclairage LED.

www.lucibel.com

Questions

1. Caractérisez l'innovation de Lucibel.
2. Comment Lucibel protège-t-elle ses innovations ?
3. Mettez en évidence le rôle des partenariats dans la politique d'innovation de Lucibel.
4. Montrez que l'innovation est un enjeu essentiel chez Lucibel pour conserver un avantage concurrentiel.

B. Les modalités de la politique d'innovation

CAS Bosch

DOCUMENT 12 *La fonction de recherche et développement (R&D)*

La fonction Recherche & Développement regroupe l'ensemble des processus qui, partant de la recherche fondamentale ou d'une invention, assurent sa faisabilité industrielle. Il s'agit donc de l'ensemble des étapes permettant de passer du laboratoire de recherche à la production industrielle en usine. La fonction Recherche & Développement développe donc des innovations, qui sont les applications industrielles et commerciales d'une découverte ou d'une invention.

Déjà, en 1912, Schumpeter distinguait cinq formes d'innovations :
– l'innovation de produit : mise sur le marché de nouveaux produits ou de produits améliorés ;
– l'innovation de procédé : utilisation de nouvelles méthodes de production (le thermo-emballage) ;
– l'innovation de débouchés : découverte de nouveaux débouchés pour les produits existants ;
– l'innovation commerciale : utilisation de nouvelles méthodes de commercialisation ou de distribution (vente sur Internet) ;
– l'innovation organisationnelle : évolution de la structure ou du fonctionnement de l'entreprise (développement des entreprises-réseaux).

Alternatives économiques, hors-série n° 79, 1er trimestre 2009.

DOCUMENT 13 *La recherche et développement chez Bosch*

C'est à Stuttgart, sur le terrain d'un ancien aéroport militaire situé à Renningen, que va surgir de terre le nouveau laboratoire destiné à recevoir toute la recherche globale de l'équipementier automobile Bosch, soit plus de 1 200 ingénieurs chercheurs et 500 étudiants et doctorants.
Ce projet de 310 millions d'euros répond à un premier objectif : le développement de nouveaux produits ou leur amélioration. L'équipementier a dépensé 4,5 milliards d'euros en recherche et développement (R&D) en 2013, soit près de 10 % de son chiffre d'affaires, contre seulement 5 % pour ses principaux concurrents Valeo et Faurécia.
Ce regroupement de toutes les équipes sur le site de Renningen va stimuler l'innovation. Car l'objectif affiché est clair : l'interdisciplinarité, que les physiciens puissent travailler avec des chimistes ou des électroniciens pour l'automobile, le bâtiment ou l'industrie.
Le deuxième objectif est plus stratégique et plus ambitieux : faire en sorte que Bosch sorte de sa dépendance à l'automobile (66 % du chiffre d'affaires) en préparant les diversifications futures.
Bosch souhaite réduire au fil des ans sa dépendance au secteur automobile, qui représente les deux tiers de son chiffre d'affaires (46 milliards d'euros). Dans cette perspective, Bosch a déjà racheté 50 % de Siemens dans leur filiale commune d'électroménager.
Le centre de R&D devra donc explorer des domaines nouveaux : l'Internet des objets, le *machine-learning*, le *Big Data* ou les robots.
Dans les années 1990, les chercheurs ont développé des éléments de micromécanique. Initialement destinés aux *airbags* et au contrôle des moteurs, ces capteurs sont aujourd'hui présents dans la moitié des *smartphones* de la planète. C'est cette expérience que Bosch souhaite renouveler.

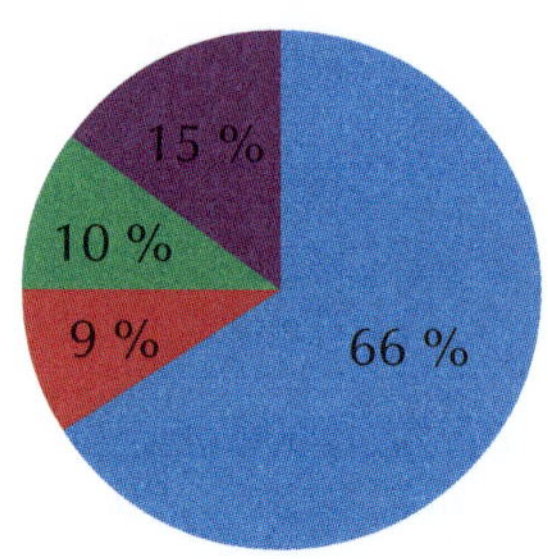

Questions

1. Qualifiez l'innovation pratiquée par Bosch au sens de Schumpeter.
2. Quels sont les objectifs de Bosch en matière d'innovation ?
3. Identifiez les ressources mobilisées par Bosch pour sa R&D.
4. Montrez l'importance de l'innovation dans la réussite des objectifs stratégiques de Bosch.

CAS McPhy

Document 14 *Qu'est-ce qu'un brevet ?*

Le brevet vient récompenser les efforts créateurs des inventeurs ainsi que les investissements importants consentis pour le progrès technique. Il confère à son propriétaire le droit exclusif d'interdire à autrui d'importer, de produire, de commercialiser ou même d'utiliser des produits ou services incorporant une technique identique ou équivalente, pendant une durée limitée (20 ans), moyennant le paiement d'annuités et en contrepartie d'une diffusion légale.
En l'absence de brevet, les investissements que vous consacrez au développement, au lancement et à la commercialisation d'un produit ou service novateur peuvent s'avérer infructueux dès lors que des sociétés concurrentes pourront, dès le succès confirmé et donc sans risque, et à moindre coût de développement, incorporer la même innovation à leurs propres produits ou services.

www.coralis-harle.com

Document 15 *McPhy, leader dans le stockage de l'hydrogène*

McPhy se positionne en leader du stockage massif d'hydrogène et investit une part importante de ses revenus en R&D pour améliorer de façon continue ses produits, aussi bien au niveau de la matière active (les hydrures et ses additifs) qu'au niveau de sa mise en œuvre dans différentes solutions de réservoirs. Membre du pôle de compétitivité Tenerrdis, McPhy est engagé en tant que partenaire direct ou sous-traitant dans plusieurs projets.
Aboutissement de plusieurs années de recherches au CNRS, en partenariat avec l'Université Joseph-Fourier de Grenoble, McPhy Energy détient des droits exclusifs sur un portefeuille de brevets uniques. McPhy Energy consacre également des investissements significatifs à la R&D, afin d'améliorer continuellement ses produits, à la fois en termes de développement de matériaux et de conception de solutions de stockage capables de répondre aux différents besoins de ses clients. Pour financer ses activités, McPhy Energy a fait appel à des investisseurs, dont Emertec et Areva.
McPhy Energy a récemment signé de nombreux contrats en France, au Royaume-Uni, en Italie et au Japon, démontrant son *leadership* technologique.

www.mcphy.com

Document 16 *La démarche qualité chez McPhy*

McPhy a mis en place un processus continu d'amélioration de sa politique qualité. Un responsable QSSE (Qualité, Santé, Sécurité et Environnement) a été nommé afin de superviser l'ensemble des procédures qualité et sécurité du groupe. Il dispose d'une équipe structurée de quatre personnes. Un système de management de la qualité a été élaboré et expérimenté en 2013 sur le site français et va être étendu aux deux autres filiales. Il est en particulier en charge de l'amélioration de la sécurité et de la fiabilité des équipements des sites de production, et de l'harmonisation du management des processus de fonctionnement (pilotage, réalisation et support) sur l'ensemble des trois sites du groupe.

www.mcphy.com

Questions

1. Sur quoi porte la R&D de McPhy ?
2. Montrez l'utilité pour McPhy de breveter ses innovations.
3. Identifiez les parties prenantes associées au projet de McPhy et précisez leur rôle dans la réussite de McPhy.
4. Expliquez la fonction de la démarche qualité chez McPhy et sa contribution au succès de l'entreprise.

III Le management des connaissances

CAS Areva JSPM

Document 17 *Le management des connaissances, mémoire collective*

Apparue progressivement depuis la fin des années 1980, la gestion de la connaissance (*knowledge management* ou KM en anglais) se développe dans les entreprises sous l'impulsion de la mondialisation et du « *papy-boom* ». Cet ensemble de méthodes et de techniques se veut une parade au caractère volatil de l'information et des savoirs détenus dans une entreprise. « Le KM permet de réduire à la fois les coûts (dus à la répétition des mêmes erreurs et au temps de recherche d'informations par les employés) et les risques de perte du capital intellectuel (dépendance aux fournisseurs clés et à des experts) », explique Rob van der Spek, en charge du KM chez le groupe de conseil norvégien DNV.

L'Usine Nouvelle

Document 18 *L'expérience d'Areva JSPM*

Quand un produit d'une durée de vie de quarante à soixante ans arrivera en fin de cycle, ceux qui l'ont conçu ne seront plus dans l'entreprise. Ceux qui l'ont entretenu non plus. C'est en partant de ce constat qu'Areva JSPM, qui fabrique des groupes motopompes pour le circuit primaire des centrales nucléaires, à Jeumont (Nord), a décidé de capitaliser son expertise technique. Des connaissances formalisées ou diffuses, détenues par les ingénieurs de conception, mais aussi par les responsables de maintenance. L'opération, qui s'appuie sur un outil informatique, exige de ne pas griller les étapes… ainsi qu'une bonne dose de détermination.

1. Capitaliser pour quoi faire ? *« Capitaliser nos retours d'expérience nous permet d'améliorer nos produits. Cela nous aide aussi dans notre métier d'assistance technique auprès des exploitants de centrale et à décrocher des contrats de maintenance de longue durée »*, précise Étienne Lejeune, le responsable du projet dans la filiale d'Areva.

2. Recenser et analyser les savoirs. Il fallait faire parler les experts des différents métiers (bureau d'études, essais, laboratoire de métallurgie, maintenance) et mettre en forme leurs connaissances pour qu'elles soient réutilisables. *« J'y ai consacré beaucoup de temps, mais cela évite les allers et retours dans la mise au point de l'outil et dans la structuration de la base de connaissances. L'outil était opérationnel au bout de six mois »*, signale le responsable du projet.

3. Changer de mode de fonctionnement. L'outil informatique qui accueille informations et expertise, c'est Teexma. Désormais, on accède aux informations par produits et par clients. Puis on descend dans la base par types de composants, de défaillances rencontrées, d'événements enregistrés (révisions, interventions…), etc.

4. Faire vivre la base de connaissances. Les informations sont rentrées, le logiciel fonctionne, mais encore faut-il convaincre de l'utiliser et de l'alimenter. Les experts en maintenance, en général, comprennent vite l'avantage de l'outil. Les jeunes embauchés en voient bien l'intérêt pour se former. Mais l'adhésion des experts dans les différents services est… variable.

www.usinenouvelle.com

Questions

1. Présentez les enjeux économiques du *knowledge management*.
2. Mettez en évidence les enjeux humains du *knowledge management* pour Areva JSPM.
3. Identifiez les étapes permettant la mise en place de la solution de *knowledge management* chez Areva JSPM.
4. À quelles conditions le management des connaissances peut-il réussir ?

Document 19 *Sodexo développe Cloud 9, un outil de partage de bonnes pratiques.*

Avec un chiffre d'affaires de 18,4 milliards d'euros en 2013 et près de 420 000 collaborateurs dans le monde, Sodexo est un géant mondial de la restauration collective. Pour donner une nouvelle impulsion à sa stratégie de gestion et de partage de connaissances et d'échange de bonnes pratiques, le groupe s'est intéressé de près aux réseaux sociaux d'entreprise (RSE).
« Le fait que la solution repose sur un *Cloud* privé nous a permis d'aller vite et d'impliquer les responsables de communautés qui ont tout mis en œuvre pour mobiliser les utilisateurs », explique Gabriele Maltinti.
Aujourd'hui, 500 collaborateurs partagent activement des informations et bonnes pratiques grâce à Jive Software. Sachant que les communautés s'approprient différemment l'outil en fonction de leurs besoins, mais également de leur maturité d'utilisation. « La communauté des responsables intranet s'échange beaucoup de documents, et utilise Cloud9 comme un espace de travail virtuel ; d'autres, comme la communauté santé en Inde, l'utilise davantage à des fins conversationnelles », précise Gabriele Maltinti.

www.journaldunet.com

Document 20 *Quand le* top management *se met au partage des connaissances*

Il n'est pas si courant que le *top management* adopte effectivement le réseau social de l'entreprise pour ses propres besoins. C'est le cas chez Sodexo. Les quatorze membres du comité exécutif du premier employeur privé français se servent d'une communauté pour préparer leurs réunions mensuelles et poursuivre leurs échanges en ligne.

www.collaboratif-info.fr

Questions

1. Identifiez les utilisateurs des réseaux sociaux d'entreprise (RSE) chez Sodexo et les usages qui en sont faits.
2. Quels sont les avantages des RSE pour Sodexo ?
3. Montrez que les RSE sont un outil de management des connaissances.

Document 21 *Wikidélia, la solution de management des connaissances de Fidelia*

La société Fidelia est le leader sur le marché de l'assistance en France (rapatriement, dépannage-remorquage, assistance à domicile). La société connaissant une forte croissance, elle s'était établie sur deux nouveaux sites lorsqu'elle décida de faire appel aux services de Xwiki[1]. Dans ce cas, l'accroissement des flux d'informations n'est en fait que le corollaire à la croissance physique de cette société.
Fidelia ne disposait pas de service de documentation dédié, celui-ci étant éclaté entre les différents sites. L'élaboration d'une plateforme nouvelle s'imposait et Wikidélia fut alors retenue sur plusieurs critères : la mise à disposition aux employés d'une information fiable et centralisée ainsi que la nécessité d'une participation des collaborateurs à la base de la connaissance de l'entreprise. Cela leur permettait alors de faire remonter l'information, de la centraliser et de l'actualiser en permanence.
Xwiki a donc créé une plateforme avec une charte graphique adaptée à la société, installée au sein du système d'information dans un serveur d'application et connectée à l'annuaire de l'entreprise pour une gestion centralisée. Le point fort de cette solution était la conversion globale des fichiers .doc en pages, au sein du Wiki.
L'autre point fort de la plateforme réside dans sa simplicité d'utilisation et les services offerts en cas de problème (*hotline* wiki).
L'impact au sein de la société cliente fut direct, la nouvelle structure permettant de décloisonner les informations et d'harmoniser les pratiques par la centralisation et le plan de classement. L'apport des collaborateurs à la base de données permet de capitaliser la connaissance de la société et de passer d'une culture orale de l'information à une culture écrite compréhensible par tous. Les mises à jour constantes et la diffusion de la *Wiki Newsletter*, enfin, aboutirent à une meilleure visibilité.

www.veillemag.com

1. Xwiki est une société qui développe des solutions de partage collaboratif en *open-source*.

Questions

1. Repérez les difficultés de Fidelia dans le traitement de l'information.
2. Qualifiez et présentez la solution mise en place par Fidelia.
3. Montrez que cette solution de *knowledge management* répond aux difficultés de Fidelia.

Cas d'entreprise

Les compétences attendues

- Réaliser un diagnostic ou une partie de diagnostic.
- Identifier et expliquer les choix stratégiques d'une entreprise.
- Repérer et justifier les modalités de développement stratégique choisies par une entreprise donnée.
- Choisir les leviers de motivation qui concilient l'objectif de l'entreprise et la satisfaction du besoin de l'individu.

Questions

Après avoir pris connaissance du cas Genfit et des ressources proposées, réalisez une étude en répondant aux questions suivantes.

I. Analyse de la situation de l'entreprise

1. Identifiez les parties prenantes de Genfit et leur rôle.
2. Qualifiez la stratégie de Genfit.
3. Montrez que l'innovation est un outil majeur de la stratégie de la société.
4. Comment Genfit protège-t-elle ses innovations ?

II. Identification du problème de management et proposition de solutions

5. Identifiez les menaces pesant sur le modèle de Genfit susceptibles de remettre en cause son avantage concurrentiel.
6. Analysez l'efficience de Genfit et montrez les risques engendrés par cette situation.
7. Recherchez les options possibles qui consolideraient l'avantage de Genfit.

Le dossier comprend

- Le cas Genfit
- Les ressources documentaires :

Annexe 1 La forte dépendance de Genfit au programme GFT505
Annexe 2 Transgène mis en difficulté par la décision de Norvartis

Le cas Genfit

Genfit, des chercheurs au service des grands laboratoires

Genfit est une société biopharmaceutique engagée dans la découverte et le développement de médicaments à la fois innovants et adaptés aux besoins du marché pour le compte de grands laboratoires pharmaceutiques. Elle intervient dans la prévention et le traitement de la pathologie cardiométabolique, principale cause de mortalité dans le monde.

Née en 1999 au cœur du pôle Eurosanté, dans la région de Lille, Genfit est créée à l'initiative de deux personnalités alliant une expérience à la fois scientifique et industrielle :

– Jean-François Mouney, qui occupe actuellement les fonctions de président du directoire ; diplômé de l'ESCP, il en est le manager ;

– le Pr Bart Staels, docteur en pharmacologie ; il préside le conseil scientifique.

La force de Genfit est d'avoir su intégrer le pragmatisme économique et la capacité d'innovation scientifique.

Le capital est partagé entre les fondateurs réunis dans la holding, des partenaires industriels (laboratoires Sanofi et Merck) et des institutions publiques.

La société est implantée dans la région lilloise mais dispose également d'une implantation dans le Massachusetts (États-Unis).

Genfit emploie actuellement 80 salariés, essentiellement des scientifiques, réunis sur un espace de plus de 7000 m².

Dans le modèle économique construit par Genfit, ce sont les partenaires, et principalement les laboratoires pharmaceutiques, qui forment le chiffre d'affaires en finançant les programmes de recherche. Il est de 5,81 millions d'euros en 2013. Mais le modèle reste fragile : le résultat net est déficitaire depuis plusieurs exercices et s'établit à 12 600 euros.

Cette fragilité n'a pas empêché Genfit de lever en 2014 plus de 71 millions d'euros de capitaux auprès d'investisseurs privés.

Un métier : l'innovation

Avant qu'un médicament soit commercialisé par de grands laboratoires pharmaceutiques, une dizaine d'années peuvent s'écouler au cours desquelles ▸▸▸

Genfit, développer les médicaments de demain

▸▸▸

vont se succéder des périodes de recherche, de tests et d'études cliniques (généralement trois phases). L'idée de Genfit est de se consacrer à la recherche et développement de ces médicaments du futur (on utilise le terme « candidat médicament »), soit en construisant des partenariats durables avec de grands groupes pharmaceutiques, soit en direct. C'est ce dernier choix qui prévaut depuis 2001. Genfit a choisi de développer ses propres candidats médicaments (on parle alors de « candidat médicament propriétaire »).

Depuis sa création, Genfit a ainsi signé de nombreux accords de collaboration de recherche avec de grands groupes pharmaceutiques mondiaux, dont Sanofi-Aventis, Solvay Pharma ou Merck. Mais cette stratégie présente un risque important. La recherche prend plusieurs années et représente un coût très élevé, à la fois en investissements (des équipements de haute technologie sont nécessaires) et en fonctionnement (les salariés sont pour la plupart des scientifiques très qualifiés). Genfit doit absolument trouver des partenaires susceptibles d'acheter les brevets pour commercialiser ces médicaments. Car, en parallèle, Genfit a mis en place un département de la protection industrielle chargé de protéger l'ensemble des découvertes. La société s'est ainsi constituée un important portefeuille de brevets composé de nouvelles molécules chimiques, de formules et compositions pharmaceutiques et d'outils de diagnostic.

Le GFT505, un médicament prometteur

Le GFT505 s'inscrit aujourd'hui dans ce modèle. Ce candidat médicament agit sur les principaux facteurs cardiométaboliques des patients prédiabétiques (surpoids, hypertension), ce qui le positionne comme un antidiabétique. Cette recherche pourrait aboutir à la découverte du traitement des pathologies hépathiques (cirrhoses), appelées Nash, pour lesquelles aucun traitement n'existe aujourd'hui. Les premiers résultats cliniques sont très prometteurs.

Reste que Genfit n'est pas la seule société dans le champ de recherche de la Nash. Les américains Intercept et Gilead sont également engagés dans des phases cliniques, même si leurs premiers résultats sont décevants.

Aujourd'hui, Genfit a besoin de partenaires capables de financer cette ultime phase. Le GFT505 pourrait générer un chiffre d'affaires annuel de plus de 1 milliard d'euros pour le laboratoire qui l'achèterait. De quoi combler les pertes des années passées et, surtout, financer largement de nouveaux projets.

Annexe 1

La forte dépendance de Genfit au programme GFT505

Le dossier reste à haut risque. Un échec de l'étude ne peut être exclu. Or, « le programme GFT505 dans la Nash représente 96 % de la valorisation du portefeuille de produit de Genfit », rappelle Lionel Labourdette, analyste chez Kepler Cheuvreux. Notons d'ailleurs que les 21 millions d'euros que Genfit vient de lever doivent servir à financer un nouvel essai clinique avec GFT505, cette fois dans la maladie de Crohn, voire à procéder à des acquisitions de produits en développement. En somme, à réduire la dépendance de la société à la Nash. Mais tout cela sera bien court pour soutenir la valorisation de Genfit, en cas d'échec de l'essai.

www.lerevenu.com

Annexe 2

Transgène mis en difficulté par la décision de Novartis

Transgène a annoncé lundi que le groupe pharmaceutique suisse Novartis avait décidé de ne pas lever l'option qu'il détient sur les droits du TG4010, un produit d'immunothérapie du cancer du poumon. Transgène précise qu'elle continuera la préparation de la phase III de ce traitement et qu'elle va chercher un nouveau partenaire. Elle ajoute dans un communiqué que « plusieurs acteurs dans le domaine de l'immunothérapie des cancers ont déjà exprimé un intérêt de principe pour ce programme ».

Sens de la leçon

L'optimisation des ressources technologiques et des connaissances

1 Les choix d'organisation de la production

L'organisation de la production vise trois objectifs…

- L'efficience
- La qualité
- La flexibilité

… et oriente les choix stratégiques :

- Stratégie de spécialisation → La production est centrée sur une activité principale.
- Stratégie d'intégration → La production est intégrée en amont (fournisseurs) et en aval (clients).
- Stratégie de diversification → La production est polyvalente, permettant la fabrication de plusieurs produits.

2 L'innovation

■ La politique d'innovation repose sur différentes modalités :

- La recherche et développement
- Le dépôt de brevets
- Les partenariats technologiques

3 Le management des connaissances

■ Le management des connaissances *(knowledge management)* poursuit plusieurs enjeux :

- Économiques : il améliore les performances de l'entreprise.
- Sociaux : il permet un véritable travail collaboratif.
- Organisationnels : il fluidifie la circulation de l'information.

■ Le management des connaissances utilise une multitude d'outils permettant :

- La capitalisation des connaissances
- La collaboration et le partage

Les mots-clés

Organisation de la production – Efficience - Démarche qualité – Flux poussés – Flux tendus - Politique de l'innovation – Recherche & développement – Brevets – Management des connaissances – Travail collaboratif.

L'auteur

SCHUMPETER J. A.	Économiste d'origine autrichienne	L'innovation et son rôle dans la dynamique économique

9 Le financement des activités

LE RÉFÉRENTIEL

4. Mobiliser les ressources *(20 heures)*
4.3. Financer les activités *(11 heures)*

Les compétences attendues	Le plan du chapitre
• Distinguer les besoins de financement liés à l'exploitation de ceux liés à l'investissement	**I. Les besoins de financement** A. Les besoins de financement à court terme B. Les besoins de financement à long terme
• Choisir les modes de financement adaptés aux besoins d'exploitation et d'investissement	**II. Les modes de financement** A. Le financement à court terme du cycle d'exploitation B. Le financement à long terme du cycle d'investissement

Mise en situation

Karen Baqual, 23 ans, BTS Hôtellerie-Restauration en poche, projette d'ouvrir un restaurant, « Les Saveurs d'écoliers », proposant des plats bio dans un cadre rappelant les cantines de son enfance. Sa grand-mère lui offre un local dans le centre de Paris, qui fera une salle de 30 couverts.

Karen a pu économiser 60 000 €, qui financeront les investissements pour créer son entreprise. Mais, pour finaliser le projet, elle a besoin de 40 000 € supplémentaires pour financer l'exploitation, acheter les matières premières, payer le serveur…

Après avoir étudié le projet, son banquier semble hésitant. Il accepte finalement de lui accorder un crédit de 15 000 €. Le père de Karen lui suggère de recourir au crédit-bail pour le matériel de cuisine. Mais, même en retenant cette option, il faudrait encore trouver 10 000 €.

C'est alors qu'une nouvelle solution s'offre à elle. Kevin, un ami de Karen qui a monté un projet similaire, lui explique : « Aujourd'hui, il est possible de recourir au *crowdfunding* ou financement participatif. J'ai rencontré le responsable d'une de ces plateformes, Samuel Semitout, qui m'a mis en relation avec des internautes contributeurs prêts à me soutenir par des dons, des prêts ou par l'investissement ». Karen pense qu'elle tient là la solution.

Questions

1. Pourquoi l'entreprise Les Saveurs d'écoliers a-t-elle besoin d'un financement ?
2. Quels sont les différents types de financements auxquels peut avoir recours sa créatrice ?
3. Pourquoi peut-on dire que ces modes de financement sont adaptés à ses besoins ?

I Les besoins de financement

A. Les besoins de financement à court terme

CAS Ikea

Document 1 *Les besoins de financement liés au cycle d'exploitation*

Le cycle d'exploitation est un cycle court et régulier. L'entreprise décaisse des sommes importantes pour fabriquer le produit, qui est stocké ou se retrouve chez le client qui n'a pas encore payé.
Le besoin en fonds de roulement résulte de la différence entre les besoins, liés aux stocks et aux clients, et les ressources, liées aux fournisseurs.
Plus le cycle d'exploitation est long, plus l'entreprise aura des besoins en fonds de roulement élevés dus au décalage dans le temps entre les décaissements des charges – achats, main-d'œuvre... – et les encaissements des ventes.

www.financemententreprises123.com

Document 2 *Ikea : la maîtrise du cycle d'exploitation*

Pour son fondateur, Ingvar Kamprad, l'entreprise Ikea devait répondre à un besoin clair des consommateurs. Sa vision forte, avec une ambition sociétale, est l'une des plus grandes forces de l'entreprise. Dans *The Testament of a Furniture Dealer* (Le testament d'un marchand de meubles), Ingvar Kamprad explique comment la plupart des produits esthétiques et de qualité sont exclusivement destinés aux riches. Il expose en quoi Ikea veut changer cet état des choses et permettre aux personnes modestes d'avoir accès à des meubles avec un excellent *design* et de bonne qualité.

Pour attirer le client, le faire rester et acheter, le géant suédois a multiplié les services et l'efficacité de ses magasins. Le chiffre d'affaires des magasins Ikea s'est considérablement accru au fil des années. Un dilemme s'est posé au cours de la décennie 1999-2009 : pour préserver le rythme annuel de baisse des prix de vente de 2 % tout en proposant une augmentation salariale de 3 % par an en moyenne, il fallait réaliser une augmentation de la productivité de 5 % par an.

Améliorer la logistique interne des magasins a été l'un des principaux challenges d'Ikea au cours des dix dernières années en vue de renforcer la productivité et d'augmenter la disponibilité des produits.
Il s'agit même de la principale explication du gain de productivité de 5 % par an. Tout a été mis en œuvre pour que, dès leur arrivée dans le magasin, les produits soient immédiatement déposés dans leur zone d'exposition, sans stockage intermédiaire. Des efforts importants ont également été entrepris pour réévaluer tous les conditionnements, augmenter la quantité de produits transportés par palettes et maximiser les produits prêts à être vendus, sans conditionnements supplémentaires.

Tiphaine Thuillier, *LEntreprise.com*

Questions

1. Quels sont les éléments du cycle d'exploitation qui engendrent des besoins de financement ?
2. Montrez ce qui détermine l'importance de ce besoin de financement du cycle d'exploitation.
3. Présentez l'objectif stratégique d'Ikea et les moyens mis en œuvre pour le réaliser.
4. Quel élément du cycle d'exploitation Ikea a-t-il cherché à maîtriser pour atteindre cet objectif ?
5. Quels sont les résultats obtenus par Ikea grâce à la maîtrise de son cycle d'exploitation ?

B. Les besoins de financement à long terme

CAS Renault

DOCUMENT 3 *Fonds de roulement : financer les investissements par des ressources stables*

Pour fonctionner, l'entreprise a besoin d'utiliser toutes les ressources financières qui resteront à sa disposition longtemps. Ces ressources peuvent être :
– internes, quand il s'agit de capitaux propres ou « fonds propres de l'entreprise » (le capital de départ apporté par les actionnaires, la réserve ou part des bénéfices non redistribués aux actionnaires et le résultat de l'exercice) ;
– externes quand il s'agit de dettes (emprunts bancaires à long terme, en particulier).

La règle d'or de l'équilibre financier veut que les emplois à long terme (les investissements) soient financés par les ressources financières à long terme (les capitaux propres ou des dettes à long terme).

Quand une entreprise a des ressources financières à long terme plus importantes que les emplois à long terme (ou investissements), on dit qu'elle dégage un fonds de roulement.

Une entreprise qui veut assurer sa pérennité et se développer doit dégager un fonds de roulement. Les ressources financières à long terme (donc stables) dont dispose alors l'entreprise permettent de financer les investissements ainsi que d'autres besoins liés à l'activité.
Un fonds de roulement positif est donc une sécurité, car il montre que non seulement les investissements sont intégralement financés par des ressources stables, mais que l'entreprise dégage un surplus de ressources stables pour financer une partie de son activité.

DOCUMENT 4 *Renault : 400 millions d'euros pour la deuxième phase de l'usine de Tanger*

Le constructeur français lance, sur son site de Tanger-Melloussa, le démarrage de sa deuxième ligne de production. Grâce aux importantes subventions du Maroc, l'usine conforte sa place de premier site de production de Renault en Afrique. Cette nouvelle ligne fabriquera les Dacia Sandero et Duster et vient épauler le site de Renault en Roumanie. Des véhicules exportés vers plus de 20 pays en Afrique, en Europe et au Moyen-Orient.
À l'investissement initial d'environ 700 millions d'euros vient donc de succéder une nouvelle tranche de 400 millions d'euros. Mais Renault ne sortira que la moitié de cette somme de sa poche. Particularité du site, l'investissement dans l'usine de Tanger est financé par Renault SAS à hauteur de 52,4 % mais aussi par la Caisse de dépôt et de gestion, une institution publique marocaine, pour 47,6 %.
En clair, Renault s'est fait financer quasiment la moitié de son usine par le Maroc. À cela s'ajoutent divers avantages : l'État a fourni le terrain gratuitement.

Nasser Djama, *www.usinenouvelle.com*

DOCUMENT 5 *Renault : situation et objectifs stratégiques*

Les chiffres d'immatriculation sont en hausse de 4,7 % grâce à la reprise du marché européen et aux bonnes performances qu'y ont réalisé certains modèles clés du groupe : Clio, Captur, Duster.
La société maintient ses objectifs. Il s'agit en premier lieu d'une augmentation des immatriculations et du chiffre d'affaires avec une composition de l'activité différente de ce qui était envisagé initialement puisqu'une hausse plus forte que prévu du marché européen est désormais attendue mais, parallèlement, une poursuite du repli des marchés émergents est envisagée.

www.bourse.lesechos.fr

Questions

1. Qu'est-ce que le fonds de roulement et quel est son intérêt ?
2. Montrez comment doivent être financés les investissements pour respecter la règle de l'équilibre financier.
3. Quels sont les objectifs stratégiques que Renault souhaite maintenir ?
4. Montrer en quoi les investissements décrits dans ce cas permettent d'atteindre ces objectifs.
5. Peut-on dire que Renault respecte la notion de l'équilibre financier fondamental pour financer ses investissements ? Justifiez.

II Les modes de financement

A. Le financement à court terme du cycle d'exploitation

CAS MGAD

Document 6 *Les concours bancaires*

Pour toutes les entreprises en croissance, le point le plus délicat est la gestion de trésorerie. Il est essentiel de surveiller attentivement encaissements et décaissements passés, d'anticiper ceux à venir, et d'identifier précisément et suffisamment tôt les éventuels déséquilibres.
Malgré un plan de trésorerie prévisionnel rigoureux, de nombreuses situations peuvent provoquer des dérapages : des frais de démarrage plus élevés, une facturation défectueuse, des fonds dont le versement se fait attendre, des dépenses supérieures aux prévisions, etc. [...]
Quoi qu'il en soit, vous devrez, dans un premier temps, trouver les ressources nécessaires pour couvrir ces besoins mal anticipés. Augmentation du fonds de roulement (en augmentant également les fonds propres ou la dette, ou en diminuant les immobilisations), escompte d'effets, allongement des délais de paiement aux fournisseurs ou recours au découvert bancaire, à vous d'arbitrer entre ces diverses solutions.
Dans tous les cas, votre palette de choix sera d'autant plus large que vous serez parvenu à établir des relations de confiance avec votre banque.

Dominique Pialot, *www.lentreprise.com*

Document 7 *Les petites entreprises délaissées par les banques*

Les patrons de TPE ne cachent plus leur inquiétude face aux refus des banques de leur octroyer des crédits. Où sont les banques ?
Qu'ils dirigent une PME ou une TPE, nombreux sont les patrons à déplorer l'attitude des banquiers. Si certains leur reprochent leurs frais élevés ou leurs demandes de garanties trop exigeantes, d'autres dénoncent leur absence de compréhension et de dialogue. Voire leur absence totale dans la chaîne de financement. « *À deux doigts de la liquidation judiciaire alors que mes carnets de commande sont pleins et que je fais des bénéfices, je ne trouve aucune banque pour me soutenir,* enrage Patricia Koch, à la tête de MGAD, entreprise d'usinage de sept salariés. *Pourquoi ? Parce que je n'ai pas assez de trésorerie.* » La livraison de l'étude 2013 de la Médiation du crédit fait état de blocages touchant surtout les TPE. L'étude montre que le liquide, nécessaire au bon huilage des rouages économiques du pays, manque cruellement aux petites structures.

Tiphaine Thuillier, *lentreprise.com*, 16 juin 2014.

Document 8 *MGAD trouve des financements à court terme grâce à ses clients*

MGAD est une PMI spécialisée dans le secteur de l'énergie, basée à Sentheim (Haut-Rhin). Elle compte six personnes et subit, entre 2008 et 2011, une baisse de son activité. Plutôt que de licencier, la PDG, Patricia Koch, choisit de mettre ses salariés au chômage partiel. Fin 2011, sa dette fiscale s'élève à 100 000 euros, alors qu'à la même époque les commandes reprennent. Pour éponger sa dette, l'entreprise a besoin d'une aide bancaire. Mais toutes les banques la lui refusent. Finalement, deux de ses clients, apprenant sa situation dans la presse, lui font crédit de 50 000 euros en tout. Patricia Koch s'en est finalement sortie, début 2012, sans l'aide des banques.

www.chefdentreprise.com

Questions

1. Comment se traduit le décalage entre encaissement et décaissement dans l'entreprise ? Quel est l'outil qui permet d'anticiper les besoins de trésorerie de l'entreprise ?
2. Quelle ressource devrait théoriquement permettre de financer le BFR ? Repérez les autres ressources auxquelles l'entreprise doit recourir lorsque le fonds de roulement est insuffisant.
3. À quel problème l'entreprise MGAD est elle confrontée ? Expliquez le rôle du crédit interentreprises dans la solution à ce problème.
4. À quel problème de financement se heurtent les TPE ou PME comme MGAD ? Quel danger cela peut-il représenter pour ces entreprises ?

B. Le financement à long terme du cycle d'investissement

CAS Dessine-moi un soulier

Document 9 *Les financements des projets d'investissement*

Une entreprise industrielle dispose de plusieurs sources potentielles pour financer ses projets. Soit elle utilise des financements internes : autofinancement ou endettement auprès du groupe auquel elle appartient. Soit elle s'endette auprès des banques ou d'autres intermédiaires financiers. Elle peut aussi émettre des titres et accroître son capital. Enfin, dans le cas spécifique de projets innovants, elle peut bénéficier du soutien direct des pouvoirs publics, qui cherchent à aider la production et la diffusion de l'innovation.

Huit fois sur dix, les entreprises industrielles n'utilisent qu'une ou deux sources de financement : 43 % des entreprises en mobilisent une, 40 % en mobilisent deux.

Les 4 pages des statistiques industrielles, n° 156.

Document 10 Le crowdfunding *: faire de la France le pays pionnier du financement participatif*

Pierre Moscovici, et Fleur Pellerin ont annoncé le nouveau cadre juridique assoupli qui s'appliquera au financement participatif.
Cette réforme a pour ambition d'accélérer la dynamique du financement participatif tout en protégeant les citoyens.

www.redressement-productif.gouv.fr

Le *crowdfunding* ou financement participatif consiste à faire appel à un grand nombre de personnes pour financer un projet. Ce mode de financement se fait sans avoir recours aux acteurs traditionnels du financement, comme les banques. Internet et les réseaux sociaux ont favorisé l'apparition de plateformes de financement participatif qui mettent en relation les porteurs de projets et les financeurs.

Ces plateformes d'intermédiation s'appuyant sur le principe du financement participatif peuvent proposer diverses formes de financement des projets, en particulier :
– le don, qui consiste à apporter un soutien désintéressé à un projet, souvent associatif, sans contrepartie ;
– le don avec contrepartie : il s'agit dans ce cas d'un acte proche de la vente ou du troc ;
– le financement participatif en capital (*equity based crowdfunding*), qui permet de prendre une participation sous forme d'achat d'actions dans les entreprises financées.

En 2013, au niveau mondial, plus de 3 milliards de dollars ont été collectés par des plateformes de financement participatif. Ces montants doublent tous les ans.

Document 11 *« Dessine-moi un soulier » : la recherche de différentes sources de financement de l'innovation*

Pour satisfaire les « *fashionistas* », Alma Guirao et Juliette Parcevaux ont créé Dessine-moi un soulier, un site d'e-commerce qui propose des chaussures sur mesure et personnalisées. En 2009, une vague de customisation traverse le monde de l'e-commerce. [...] Pour Alma Guirao, c'est le déclic. Pourquoi ne pas proposer le même service pour des pieds plus féminins ? se dit-elle. En 2012, le chiffre d'affaires devrait atteindre 222 500 euros et le CA prévisionnel 2014 est de 2 millions d'euros. Pour donner un coup de pouce à leur aventure, Juliette et Alma ont l'ambition de réaliser deux levées de fonds, l'une fin 2012, l'autre en 2013. « Je pense qu'avoir monté l'entreprise sur des fonds propres, l'avoir valorisée avant de lever de l'argent nous a rendues plus fortes pour nous adresser aux investisseurs et pour garder le contrôle de la société », estime Alma Guirao.

Léa Lejeune, *LEntreprise.com*

Questions

1. Distinguez les modes de financement interne et externe du cycle d'investissement.
2. En quoi le *crowdfunding* est-il une nouvelle opportunité pour financer les projets innovants ?
3. Présentez le concept innovant de « Dessine-moi un soulier ».
4. À quelles sources ces créatrices ont-elles eu recours pour financer leur innovation ?

Document 12 *Un financement innovant pour le nouveau showroom de « Dessine-moi un soulier »*

Une jeune plateforme de *crowdfunding*, « Bulb in Town », vous propose de vous appuyer sur vos voisins pour lever des fonds. « Le principe de notre plateforme est de financer des projets avec un ancrage local : restaurants, librairies, musées et associations de quartier... Avec une particularité : les contreparties sont en nature. L'internaute peut obtenir des réductions sur le prix des menus, donner son nom à un sandwich à la carte, avoir une plaque gravée à son nom dans le restaurant..., énumère Alexandre Laing, cofondateur de Bulb in Town.

Juliette Parcevaux et Alma Guirao, créatrices de la marque Dessine-moi un soulier, ont réuni 4 525 euros pour financer l'aménagement d'un *showroom*, à Paris, suffisamment grand pour accueillir leurs clientes. Contrepartie : des bons d'achat et paires de chaussures sur mesure.

www.business.lesechos.fr

Dessine-moi un soulier : un *showroom* financé par les clientes de la marque

Alma et Juliette,les fondatrices de Dessine-moi un soulier, inauguraient leur nouveau *showroom* qui à vu le jour grâce au soutien de 45 clientes *via* le site de financement participatif de proximité bulbintown.com.

Questions

5. Présentez les investissements réalisés par les créatrices de « Dessine-moi un soulier » pour développer leur entreprise et indiquez à quel mode de financement elles ont eu recours.

6. Pourquoi l'autofinancement peut difficilement être la source unique de financement des investissements ? Expliquez l'importance de rechercher différentes sources de financement.

CAS Vitalia

Document 13 *Vitalia diversifie ses modes de financement*

Face à la raréfaction du crédit bancaire, les entreprises s'organisent et cherchent de nouvelles solutions. On assiste à la nécessité pour les entreprises de diversifier leurs modes de financement, alors qu'elles ne peuvent plus compter sur les seules banques. Jusqu'ici, il y avait une situation de fait dans laquelle les banques étaient celles qui prêtaient aux entreprises. La crise a permis l'émergence d'acteurs alternatifs offrant des solutions de placements privés. Leur objectif est d'assurer, aux entreprises n'ayant accès ni aux financements bancaires ni au marché obligataire, une possibilité de financement.

La société de gestion Tikehau IM* est l'un des principaux acteurs de ce marché naissant en France. La société de gestion a financé un prêt de 75 millions d'euros à la société de cliniques privées Vitalia, complétant un prêt bancaire de 550 millions d'euros.

www.agefi.fr

* Tikehau IM est une société de gestion indépendante créée en 2007, spécialiste du crédit et agréée par l'Autorité des marchés financiers (AMF). Elle propose des solutions pour financer les entreprises françaises de taille moyenne, menacées par le désengagement des banques.

Document 14 *Vitalia opte pour le financement de ses investissements grâce au crédit-bail*

Le principe du crédit-bail ? Une entreprise a besoin d'un bien. Elle passe avec un crédit-bailleur un contrat prévoyant que ce dernier se portera acquéreur du bien, et qu'il le relouera instantanément à l'entreprise sur une certaine durée (généralement comprise entre trois et sept ans). À l'issue de cette période, l'entreprise pourra choisir de racheter le bien à sa valeur résiduelle, ou de le rendre.
Deuxième groupe français d'hospitalisation privée, avec 700 millions d'euros de chiffre d'affaires, Vitalia est un adepte de ce mécanisme de financement. « *Près de la moitié de nos biens d'exploitation sont financés en crédit-bail*, indique Geoffroy Sablé, directeur administratif et financier du groupe. *Actuellement, nous avons 800 contrats en cours, qui correspondent à un parc de matériel d'une valeur de 67 millions d'euros !* » Geoffroy Sablé va plus loin : « *Le crédit-bail colle si parfaitement à nos besoins que nous ne recourons jamais aux emprunts bancaires. Nous finançons la totalité de nos biens d'exploitation par un mix crédit-bail/autofinancement.* »

Voici les principaux atouts du crédit-bail :

1. **Il se met en place très vite :** « *Si nous avons opté pour le crédit-bail, c'est d'abord pour sa simplicité et sa rapidité de mise en place*, témoigne Geoffroy Sablé. *Un contrat de crédit-bail d'un montant de 50 000 ou 100 000 euros peut être mis en place en deux jours !* »
2. **Il optimise votre trésorerie** en permettant d'étaler sa dépense d'investissement sur trente-six à soixante mois, voire davantage.
3. **Il diversifie vos financements :** l'entreprise peut préserver ses relations avec ses banques habituelles, et chercher ailleurs des financements à moyen terme sous forme de crédit-bail. Car aujourd'hui, chaque groupe bancaire a une filiale de crédit-bail ...

Combien coûte un crédit-bail ? La tarification d'un contrat de crédit-bail se compose d'un taux d'intérêt traduit sous forme de loyers mensuels. Par ailleurs, les sociétés de crédit-bail proposent diverses assurances (décès ou invalidité temporaire, bris de machine, etc.). Un crédit-bail coûtera légèrement plus cher qu'un prêt bancaire.

www.lentreprise.lespress.fr

Document 15 *Le crédit-bail, un levier pour l'investissement productif des entreprises*

L'Association française des sociétés financières (ASF) a organisé une rencontre avec des journalistes et des professionnels sur le thème du crédit-bail. Lors de cette rencontre, l'ASF a insisté sur le fait que les établissements de crédit-bail sont engagés dans le financement des entreprises et exercent pleinement leur métier afin d'accompagner les entreprises dans leur croissance.
Selon Geoffroy Sablé, directeur financier de Vitalia : « Notre parc de matériel est financé sous forme de crédit-bail à hauteur de 40 %. Nous avons recours au crédit-bail pour deux types d'investissements : le renouvellement et le développement. C'est un financement très facile à mettre en place dans le suivi et le déblocage des fonds. »

Nathalie Mourlot, *lentreprise.com*, 28 février 2013.

Questions

1. Identifiez les trois solutions de financement de ses investissements auxquelles a eu recours Vitalia.
2. Mettez en évidence la difficulté que représente pour l'entreprise le recours au crédit bancaire.
3. Qu'est ce qu'un contrat de crédit-bail ? Identifiez ses principaux avantages et inconvénients.
4. Quelle décision a pris Vitalia pour financer ses investissements ? Qu'est-ce qui justifie ce choix ?
5. En ayant recours au crédit-bail, Vitalia est-elle propriétaire du bien dont elle dispose ? Expliquez.

Cas d'entreprise

Les compétences attendues

- Distinguer les besoins de financement liés à l'exploitation de ceux liés à l'investissement.

Questions

Après avoir pris connaissance du cas « L'Ours vosgien » et des ressources proposées, réalisez une étude en répondant aux questions suivantes.

I. Analyse de la situation de l'entreprise

1. Analysez l'ensemble des besoins de financement de « L'Ours vosgien ».
2. Mettez en évidence les moyens de financement appropriés pour répondre aux besoins détectés.

II. Identification du problème de management

3. À quel problème de financement des activités est confrontée l'entreprise « L'Ours vosgien » dans le cadre de la reprise de ses activités ?

III. Proposition de solutions

4. Mettez en évidence les choix de financement qui permettraient à l'entreprise « L'Ours vosgien » de redémarrer tout en préservant son équilibre financier futur.

Le dossier comprend

- Le cas « L'Ours vosgien »
- Les ressources documentaires :

Annexe 1 Les prêts de la Caisse d'Épargne
Annexe 2 Votre BFR dépend de votre métier

Le cas « L'Ours vosgien »

La reprise de l'entreprise

Après un diplôme de l'école hôtelière et une carrière de dix ans au sein du groupe Accor, Jeanne Blaise a hérité de son oncle un petit hôtel-restaurant familial, « L'Ours vosgien », et un capital de 50 000 euros. L'hôtel-restaurant est un établissement de 8 chambres situé à Deneuvre, petite commune de Lorraine. Exploité pendant quarante ans par l'oncle de Jeanne Blaise, il a toujours connu un taux de remplissage satisfaisant grâce aux attractions touristiques que sont la cristallerie Baccarat, située à moins de 1 kilomètre, et Les Sources d'Hercule, le musée archéologique de Deneuvre. En outre, les fermes laitières ultramodernes de la commune attirent en semaine une clientèle de professionnels. L'établissement est fermé depuis deux ans car il ne répondait plus aux nouvelles normes hôtelières et son propriétaire était trop âgé pour se lancer dans les travaux.

Jeanne Blaise, soutenue par toute sa famille, a pour projet de remettre « L'Ours vosgien » aux normes d'un hôtel trois-étoiles et de relancer l'activité.

Le financement du projet

– Après avoir fait réaliser plusieurs devis de mise aux normes et de rafraîchissement de l'établissement, il s'avère qu'un budget de 150 000 euros est nécessaire pour relancer l'affaire dans de bonnes conditions.

– Un plan d'exploitation détaillé montre qu'entre le bar, le restaurant et l'hôtel, « L'Ours vosgien » devrait réaliser un chiffre d'affaires annuel d'environ 200 000 euros dès la première année, avec une croissance régulière les années suivantes.

– L'oncle de Jeanne Blaise a toujours disposé d'une trésorerie confortable, grâce au bar et au restaurant.

– Jeanne Blaise est maintenant l'unique propriétaire des murs et du fonds de commerce.

Des choix de financement pour relancer « L'Ours vosgien »

Annexe 1

Les prêts de la Caisse d'Épargne

CAISSE D'EPARGNE
LORRAINE CHAMPAGNE-ARDENNE

Réalisez vos projets immobiliers

Votre activité se développe et vous devez acheter ou agrandir vos locaux d'exploitation ? La Caisse d'Épargne vous conseille et vous propose le montage le plus performant pour votre projet.

Prêts classiques

Pour créer ou développer votre entreprise, la Caisse d'Épargne vous propose des solutions de prêt adaptées à vos besoins et à vos envies. À taux fixe ou variable, à vous de choisir ce qui vous convient le mieux pour financer vos investissements immobiliers.

Vous souhaitez agrandir votre entreprise ou la moderniser ? Vous avez besoin d'acheter de nouveaux locaux ou équipements ? Entre les prêts à taux fixe et à taux variable, choisissez la solution qui vous convient le mieux. Avec les prêts à taux fixe, vous misez sur la sécurité : vous empruntez sur une période allant de 2 à 15 ans et versez des échéances fixes jusqu'au bout. Vous préférez un prêt à taux variable ? Il peut vous permettre de bénéficier d'une éventuelle baisse de taux. N'hésitez pas à contacter votre chargé d'affaires, ensemble vous étudierez la meilleure condition.

www.caisse-epargne.fr

Annexe 2

Votre BFR dépend de votre métier

Pour gérer votre BFR, il faut aussi le comparer à la moyenne de votre secteur. Nous vous présentons les valeurs moyennes de BFR (en jours de chiffre d'affaires) des principaux métiers.

L'importance du besoin en fonds de roulement d'une entreprise dépend en grande partie de son métier. Une façon de mieux suivre votre BFR est de le comparer à la moyenne de votre secteur. Quelle que soit votre activité, vous devriez pouvoir trouver le besoin en fonds de roulement moyen de votre secteur (ou d'un secteur proche) auprès de votre organisme professionnel, ou de la base de données Xerfi. Nous vous indiquons ci-dessous les valeurs moyennes de BFR en nombre de jours de chiffre d'affaires d'une quinzaine de secteurs parmi les plus représentatifs de notre économie.

Secteurs	BFR moyen en jours de CA
Industries mécaniques	51
Industries agroalimentaires	50
Industries textiles	75
Bâtiment	14
Distribution alimentaire	– 7
Distribution automobile	39
Distribution d'optique	14
Industrie du cartonnage	42
Conseil	126
Transport	14
Services informatiques	41
Restauration	– 24
Hôtellerie	4
Agences de voyages	47

Jacques Lesieur, *www.lentreprise.com*

Sens de la leçon

Le financement des activités

1 L'entreprise a besoin de moyens financiers.

Les besoins liés au cycle d'exploitation

Le BFR correspond au financement nécessaire à l'exploitation (activité courante de l'entreprise). Il est composé principalement des Créances (délais accordés aux clients) + Stocks (immobilisés dans l'entreprise) – Dettes (que l'entreprise a envers ses fournisseurs).

Les besoins liés au cycle d'investissement

Ces besoins existent depuis la création de l'entreprise

2 Les choix du mode de financement correspondent à ces différents besoins :

Les besoins liés au cycle d'exploitation sont financés par :

Un financement à court terme, en particulier par :

- Concours bancaires
- Crédit interentreprises

Les besoins liés au cycle d'investissement sont financés par :

Un financement à long terme, en particulier par :

- Autofinancement
- Crédit bancaire
- Crédit-bail

3 Le financement est une ressource indispensable au service de la stratégie.

Il faut être vigilant aux risques et coûts qu'entraîne le financement de la stratégie, en particulier :

- Le surendettement pour le crédit bancaire
- La perte d'autonomie lors d'arrivée de nouveaux actionnaires
- La pénurie de crédit qui limite le développement des PME en particulier

Les mots-clés

Affacturage – Augmentation de capital – Autofinancement – Besoin en fonds de roulement (BFR) – Concours bancaire – Crédit-bail – Crédit interentreprises – Cycle d'exploitation – Emprunt – Fonds de roulement (FR) – Investissement.

préparation à l'épreuve

S'entraîner au BTS n° 3

Une GPEC pour gérer les métiers sensibles chez Ferdantan

Les compétences attendues

- Réaliser un diagnostic ou une partie de diagnostic
- Identifier et expliquer les choix stratégiques d'une entreprise
- Évaluer les besoins en ressources humaines dans une situation contextualisée
- Proposer des actions appropriées dans le cadre d'une gestion des emplois et des compétences

Travail à faire

Après avoir pris connaissance du cas Ferdantan et des ressources proposées, réalisez une étude en répondant aux questions suivantes.

I. Analyse de la situation de l'entreprise

1. Caractérisez la structure de l'entreprise Ferdantan et montrez les raisons de son évolution.

2. Présentez sous forme d'un Swot les opportunités, contraintes, forces et faiblesses de Ferdantan en vous aidant notamment de la méthode Pestel.

3. En vous appuyant sur les analyses d'Ansoff et de Porter, repérez la stratégie adoptée par l'entreprise Ferdantan et justifiez-la.

II. Identification du problème de management

4. Quels sont les besoins de Ferdantan en termes d'innovation et de maîtrise des coûts ?

5. Présentez et expliquez les problèmes de management posés par les choix stratégiques de Ferdantan pour faire face à ces besoins.

III. Proposition de solutions

6. Proposez des recommandations qui permettraient à Ferdantan d'assurer le succès de sa stratégie en gérant au mieux ses besoins de compétences, ses seniors et ses métiers sensibles.

7. Proposez de façon argumentée des moyens de mise en œuvre de ces solutions.

Le dossier comprend :

➜ Le cas Ferdantan

➜ Les ressources documentaires :

Ressource 1 : Le style années 1970 : le retour en force du *pop art*

Ressource 2 : La recette du groupe Seb pour tenir tête aux Chinois

Ressource 3 : La recherche et développement dans le groupe Seb

Ressource 4 : Accord sur la GPEC chez Seb

Ressource 5 : Accord de GPEC signé chez Auchan : formation, métiers sensibles, seniors

Le cas Ferdantan

La naissance d'un concept

Ferdantan est une entreprise familiale spécialisée depuis 1975 dans le petit électroménager en aluminium. Elle a été créée par Claude Ferrant, un ingénieur ayant mis au point un nouveau concept permettant de proposer des produits solides, légers et d'un *design* soigné dans le style de l'époque. Des produits que la ménagère achèterait pour les exposer dans sa cuisine autant que pour leur confort d'utilisation.

Son offre comportait dès l'origine des produits allant de la bouilloire au fer à repasser en passant par la cocotte, le mixeur, etc. Le positionnement haut de gamme et le *design* de ses produits – alliant les couleurs toniques, l'aluminium et les formes globuleuses – ont fait la spécificité de l'entreprise. Le travail soigné des ouvriers qualifiés et l'implication des jeunes ingénieurs recrutés dans les années 1970 ont largement contribué au succès de l'entreprise.

L'évolution de l'entreprise

Dans les années 1980, l'entreprise a développé sa gamme de produits en incorporant de nouveaux matériaux. Pour se différencier de ses concurrents, elle a conservé le design et le style années 70 qui avaient fait son succès.

Les années 1990 ont été marquées par des efforts pour contrer la concurrence croissante en France en s'internationalisant vers de nouveaux marchés : l'Europe du Sud avec L'Espagne, le Portugal et l'Italie, mais aussi la Norvège et la Finlande. Pour suivre ce mouvement, la structure de l'entreprise s'est profondément modifiée. Deux divisions distinctes ont vu le jour dès 1983, pour développer les produits en France et à l'international :

– la division Articles culinaires : poêles, casseroles, faitouts, autocuiseurs, moules à pâtisserie… ;

– la division Soin du linge : fers à repasser, générateurs de vapeur…

En 1993, pour suivre l'évolution de l'activité à l'international, cette structure a encore évolué et chaque division s'est dotée de différents directeurs commerciaux spécialisés au niveau géographique :

– la division Articles culinaires divisée en « Culinaire France et Europe du Sud » et « Culinaire Europe du Nord » ;

– la division Soin du linge divisée en « Linge France et Europe du Sud » et « Europe du Nord ».

Les défis des années 2010

Toutefois, depuis le début des années 2010, Ferdantan est confrontée à de nombreux défis à plusieurs niveaux.

Tout d'abord, l'environnement économique est caractérisé par :

– de fortes hausses du prix des matières premières, qui pèsent sur les coûts ;

– une concurrence de plus en plus vive de la part de grands groupes comme Seb, ayant une image de marque très forte, et du côté des produits chinois à des prix défiant toute concurrence.

Ensuite, les concurrents imposent une pression au renouvellement des gammes de produits. Ainsi, les capacités financières de Seb lui permettent de mener une politique de recherche et développement et de proposer une offre de produits innovants, attractifs et compétitifs.

➥

Parallèlement, le consommateur a évolué : il est devenu plus sensible aux problèmes écologiques, à la sécurité.

Ces éléments ont rendu nécessaire la mobilisation du personnel et de son potentiel, les salariés doivent acquérir et adapter les compétences indispensables pour suivre les défis environnementaux.

La crise, qui renforce tous ces défis, ravive la concurrence et limite le pouvoir d'achat des consommateurs.

La nécessité de faire évoluer les ressources humaines

Claude Ferrant comprend qu'il doit réagir et faire évoluer son activité comme il a déjà su le faire par le passé. Il veut garder la spécificité qui a fait le succès de son offre, d'autant plus que les années 1970, qui ont inspiré le style de son *design*, reviennent en force. Toutefois, il sait qu'il doit investir beaucoup plus pour pouvoir proposer des innovations attractives incorporant une technologie digitale et tactile de pointe. Tout en diminuant ses coûts pour faire face aux attaques des produits chinois à bas prix.

Faute de moyens financiers suffisants, Ferdantan a cédé à la proposition d'une grande entreprise du secteur qui lui propose de créer une filiale commune pour favoriser la recherche et développement. Ce partenariat lui apportera les moyens d'accéder à l'innovation pour pouvoir se comparer aux grands du marché, comme Seb. Toutefois, les nouveaux partenaires lui imposent des objectifs de rentabilité qui contraignent Claude Ferrant à revoir la gestion de ses ressources humaines pour gagner en productivité et baisser les coûts salariaux. En particulier, il doit :

– gérer la fin de carrière de ses seniors, particulièrement nombreux sur les chaînes de production et au bureau des études. Ces hommes, qui ont été à l'origine du succès du concept de Ferdantan, gardent la mémoire de l'entreprise. Toutefois, ils ont de sérieuses difficultés à s'adapter à l'informatisation des méthodes de production et conception ;

– gérer les métiers sensibles ou même voués à disparaître à la suite de l'introduction de la CAO, de la Preao et du développement de la commercialisation *via* un site Internet en Web 2.0 ;

– accélérer la formation des commerciaux à la suite de l'adoption d'un logiciel de GRC « gestion de la relation client ». La force de vente doit aussi pouvoir intégrer dans son approche commerciale les nouvelles possibilités données aux clients de poser des questions, faire des réclamations en ligne, avec un délai de réponse maximal d'une semaine, comme le promet la publicité sur le site ;

– se doter des compétences nécessaires du fait de l'émergence des nouveaux métiers intégrant l'informatique et l'usage d'Internet ;

– réussir le pari de recruter les compétences en interne, en valorisant le personnel par la formation. Il s'agit de proposer aux salariés une évolution de carrière rapide et motivante, quand ils jouent le jeu du développement des compétences par la mobilité géographique, fonctionnelle et la formation.

Claude Ferrant souhaite faire évoluer son accord de GPEC et s'interroge sur les moyens de se doter des compétences dont il a besoin pour faire face aux défis de l'avenir, tout en gérant au mieux les métiers sensibles. Cela d'autant plus qu'une partie importante de ses ouvriers qualifiés arrive à la retraite dans les cinq ans à venir. La perte de compétences que ces départs vont provoquer peut être désastreuse pour l'entreprise.

Ressource 1

Le style années 1970 : le retour en force du *pop art*

Le style rétro pop est de retour en ce moment dans le *design* et la décoration. Les années 1970 évoquent dans notre esprit les grands mouvements pour la liberté, la paix, John Travolta et *La Fièvre du samedi soir* : le disco qui déchaîna des passions. Il y a eu aussi Andy Warhol qui révolutionna l'art avec ses créations artistiques, le « *popular art* » fut inventé.

Les couleurs et motifs des années 1970. Les couleurs dominantes sont les couleurs acidulées et toniques.

Les formes des années 1970. La tendance est à la forme globuleuse, à la texture lisse, aux couleurs vives. L'esprit est surtout et avant tout ludique, innovateur avant d'être fonctionnel et pratique.

Les matériaux des années 1970. Les tables basses sont en verre fumé aux pieds en tube Inox en forme de S… Toutes les couleurs et les imprimés sont permis, plus c'est flashy, mieux c'est.

www.cyberfanny.com

Ressource 2

La recette du groupe Seb pour tenir tête aux Chinois

Chez Seb, on ne se laissera pas manger tout cru par la concurrence chinoise. Face à l'attaque des bouilloires, fers à repasser et autres sèche-cheveux à moins de 15 euros, le leader mondial du petit électroménager (13 800 salariés) a décidé de montrer ses muscles ; rien qu'en 2007, il a lancé 210 produits. Une moyenne de quatre nouveautés par semaine, donc. Efficace : en cinq ans, les ventes ont progressé de 25 % pour atteindre 2,87 milliards d'euros l'an passé. Le bénéfice net, lui, a bondi de 64,2 % en 2007, à 143 millions d'euros.

Il a racheté tous ses concurrents ! Tefal ! Calor ! Moulinex...

Le groupe français ne fait pas que défendre son territoire : il sait aussi attaquer. Fin décembre, il a mis 327 millions d'euros sur la table pour s'emparer du fabricant chinois Supor, numéro 1 local des articles culinaires. « *Un joli coup*, se réjouit Thierry de La Tour d'Artaise, PDG depuis 2000. *Dans cinq ans, la Chine sera notre premier marché.* » Le créateur, en 1857, de la Société d'emboutissage de Bourgogne (SEB), Antoine Lescure, ferblantier de son état, n'avait sans doute jamais rêvé de cette longue marche. [...]

Pour contrer les Chinois, Seb compte aussi, et surtout, sur l'innovation. Elle seule permet de se démarquer des importations bon marché. Vital pour un groupe qui continue de fabriquer sept produits sur dix dans ses propres usines (le reste est sous-traité en Asie). Depuis 2001, le budget consacré à la recherche a donc quasiment doublé, pour atteindre 46 millions d'euros l'an passé. [...]

Surprendre, c'est la mission des 470 personnes qui planchent dans les laboratoires du groupe. Des spécialistes de la domotique, des experts en physique quantique, et même un thésard en mécanique des fluides. Réparties en petites équipes sur les sites de production, ces grosses têtes phosphorent sur les mixeurs ou la tondeuse Bikini avec « lame céramique et système vision ». Peu de recherche fondamentale ici. On ne demande pas aux blouses blanches de faire avancer la science, on attend d'elles des solutions pratiques qui améliorent les produits. Sans imposer de limites à leurs intuitions : « *Je souhaite que mes équipes regardent dans tous les secteurs*, raconte Jacques Alexandre, directeur de la stratégie. *Pour réfléchir à une nouvelle friteuse, je commence par observer un iPhone.* »

Dans les rayons, cela donne une flopée de nouveautés dont, avec un peu de chance, quatre ou cinq chaque année sortiront du lot. Prenez le marché des aspirateurs : alors que Dyson et Electrolux se bagarraient sur les appareils sans sac, Rowenta a créé la surprise en proposant le premier modèle silencieux en mars 2007 : 2 200 watts sous le capot, mais les décibels d'un chat qui ronronne. [...]

Toutes les innovations ne résultent pas d'une découverte dans un coin de labo. Chez Seb, les chercheurs travaillent main dans la main avec les équipes marketing chargées d'anticiper les moindres tendances. Comme le regain d'intérêt pour le « fait maison ». Moulinex s'impose aujourd'hui sur le marché de la machine à pain domestique avec le premier appareil capable de pétrir des mini-baguettes. Lancé à l'automne, il s'en est vendu 40 000 exemplaires en deux mois.

[...] Prendre une longueur d'avance sur la concurrence asiatique est une chose. La conserver en est une autre. Pour protéger ses produits de la copie, le groupe a déposé plus d'une centaine de brevets en 2007. Vingt-deux personnes travaillent dans le service de la propriété intellectuelle. Mission : arpenter les Salons de l'électroménager pour pister les contrefaçons. L'an dernier, ces fins limiers ont fait retirer 35 produits pendant la foire de Canton. Et 25 opérations de saisie y ont été effectuées, portant sur plus de 100 000 pièces.

Dans un marché aussi vaste, c'est encore peu. Mais les dirigeants de Seb comptent sur le rachat du géant Supor, numéro 2 chinois des autocuiseurs de riz, pour s'imposer dans les cuisines du pays. Les deux maisons se connaissent bien. Cela faisait des années que Seb sous-traitait à Supor une partie de sa production de cuiseurs destinée à l'Asie dans les trois usines situées au sud de Shanghai.

Capital, n° 198.

Ressource 3

La recherche et développement dans le groupe Seb

Notre recherche se concentre sur une quinzaine de projets clés de nature stratégique et à fort impact transversal pour les activités du groupe. Ces projets sont suivis et pilotés de manière centrale par la direction de la technologie. Le développement, quant à lui, fonctionne sur un mode décentralisé, avec des bureaux d'étude et des équipes dans les sites de production, afin d'être au plus proche de la production : cette proximité permet en effet de gagner en réactivité, de dynamiser le processus et de raccourcir les délais de développement des produits. Des outils transversaux (plates-formes projets, système intranet d'informations et de connaissances technologiques, bases de données...) favorisent les échanges en interne au sein du groupe ainsi que les transferts technologiques entre activités. Ils permettent ainsi de suivre en permanence l'état d'avancement d'un projet. Plus précisément, au cours des dernières années, nous avons fortement investi dans la mise en place d'un système PLM ouvert à tous les acteurs d'un projet, destiné à concentrer l'ensemble des informations sur un projet en cours et mis à jour en temps réel.

Product Lifecycle Management
(management du cycle de vie produit)

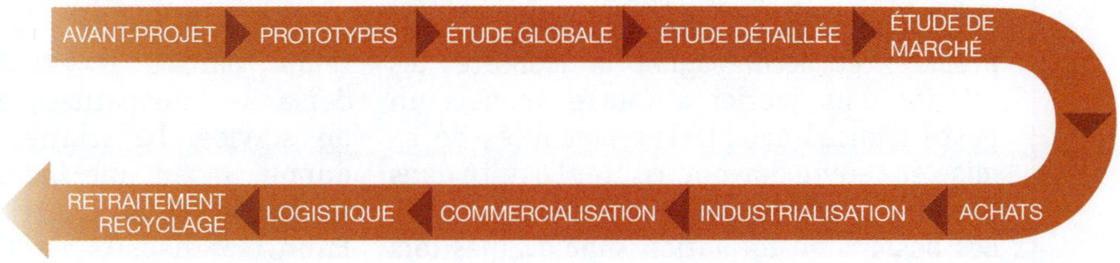

www.groupeseb.com

Ressource 4

Accord sur la GPEC chez Seb

Le présent accord [...] vise, d'une part, à fixer les modalités d'information et de consultation des instances représentatives du personnel sur la stratégie du groupe et ses effets prévisibles sur l'emploi et sur les salaires, et, d'autre part, à définir un dispositif de gestion prévisionnelle de l'emploi et des compétences (GPEC).

Principes de gestion de l'emploi au sein du Groupe Seb

Pour accompagner son développement, le Groupe Seb met en œuvre des dispositifs Ressources humaines basés essentiellement sur la formation, le développement de ses compétences, la gestion des carrières, l'évaluation de ses salariés, la mobilité de son personnel et des recrutements adaptés.

Ainsi, le Groupe Seb adapte en permanence ses ressources à ses objectifs et à son environnement. En outre, et conformément à ses responsabilités, il s'assure de l'adaptation permanente de son personnel aux évolutions des métiers et des technologies.

Par ailleurs, pour encourager les salariés à gérer activement leur parcours professionnel, le Groupe Seb encourage le recours aux dispositifs légaux de droit individuel et de congé individuel de formation (DIF et CIF). Ces éléments constituent en soi une démarche de gestion prévisionnelle des emplois et des compétences.

Le plan de formation

L'expertise et le professionnalisme des salariés constituent un avantage compétitif majeur.

Chaque année, la direction Ressources humaines du groupe définit les priorités et projets majeurs en matière de formation au regard des perspectives de développement de son activité. Les directions Ressources humaines des sociétés ou des activités établissent ensuite des plans de formation sur trois années glissantes, visant notamment à :

– permettre aux salariés le maintien et le développement de leurs compétences au regard de leur formation initiale ;
– intégrer les technologies nouvelles, les nouveaux process de fabrication et d'organisation ;
– renforcer les compétences stratégiques ;
– favoriser l'adaptation des salariés à leur poste de travail ;
– favoriser les formations diplômantes et qualifiantes (CAP, BEP, Bac Pro, etc.) ;
– développer la polyvalence et la polycompétence.

Document Groupe Seb, *http://arhno.com*

Ressource 5

Accord de GPEC signé chez Auchan : formation, métiers sensibles, seniors

Auchan et quatre de ses syndicats ont paraphé un accord sur la GPEC. Lequel comporte des mesures en faveur des seniors et des dispositions spécifiques aux métiers sensibles.

Développement professionnel

La formation est définie comme une « priorité » pour proposer une offre de développement des compétences et pour préparer et accompagner la mobilité des salariés d'un métier à l'autre ou vers un poste d'encadrement. Les modalités de sa mise en œuvre doivent assurer l'équité dans l'accès aux actions de formation.

Les besoins en formation sont évalués lors d'un entretien professionnel spécifique, distinct de l'entretien annuel d'activité. Il doit être le point de rencontre entre le « volontariat des salariés et leur plan de carrière » et « l'initiative de l'entreprise de proposer des opportunités d'évolution professionnelle et de réorientation ».

L'accord met en valeur la professionnalisation, la VAE et le passeport formation. Il ouvre un droit à bilan de compétences après vingt ans dans la profession (un an dans l'entreprise).

Métiers sensibles

Les salariés des métiers jugés sensibles sont prioritaires pour accéder aux postes à pourvoir par mobilité interne, à condition qu'ils aient les compétences requises ou puissent les acquérir dans un « délai compatible avec les besoins du poste ». Cette priorité concerne les postes de « qualification identique ou supérieure ». Toutefois, le cas échéant, en cas d'affectation « volontaire » sur un poste inférieur, la classification et le salaire sont maintenus, tandis que la part variable de la rémunération de l'année précédente est conservée un an. Auchan accompagne cette incitation à la mobilité par un mode d'affectation temporaire et volontaire, période de découverte de quatre mois au plus, ainsi que par un droit au retour ouvert pendant les trois premiers mois de travail au nouveau poste. Des primes de mobilité sur un site différent sont prévues, variant selon les charges de famille et pouvant atteindre 7 050 euros.

Les salariés exerçant un métier sensible peuvent demander à bénéficier d'un temps partiel. Il est de droit pour les demandes compatibles avec l'organisation du service. Le salarié volontaire perçoit durant un an une indemnité compensant la moitié de sa perte de rémunération. Enfin, les départs en CIF sont favorisés, l'entreprise prenant en charge « en complément du Fongecif » jusqu'à 100 % des frais de formation et 80 % de la rémunération habituelle.

Mesures en faveur des seniors

L'accord mobilise, pour les seniors, l'entretien professionnel de seconde partie de carrière défini dans l'accord de branche. Auchan peut ensuite leur proposer un bilan de compétences ou actionner une période de professionnalisation.

Le temps partiel aidé, ouvert au salarié occupant un emploi sensible, est amélioré pour les seniors. Une indemnité complémentaire compense la seconde moitié de la perte de rémunération due au passage à temps partiel. Due à partir de 45 ans, elle est versée sans limitation de durée, jusqu'à la retraite, si le senior a au moins 57 ans à son entrée dans ce dispositif. De plus, les salariés de 57 ans optant pour le temps partiel et souhaitant cotiser, pour la retraite, sur la base d'un salaire reconstitué à temps plein, bénéficient du maintien par l'entreprise de sa part de cotisation.

Liaisons Sociales Quotidien, www.wk-rh.fr

Préparation à l'épreuve

Présentation de l'épreuve

L'épreuve de management des entreprises, E32, s'intègre à l'épreuve E3 intitulée « Économie, droit et management des entreprises ». Elle dure 3 heures et a un coefficient variable selon les BTS.

L'épreuve vise à évaluer les savoirs et les compétences que vous avez acquis au cours des deux années de formation. L'épreuve vise à évaluer vos capacités à :

– analyser le fonctionnement, les modes de management, les choix stratégiques et opérationnels, la structure de l'entreprise ;

– identifier, expliciter et caractériser le ou les problèmes de management ;

– analyser la situation à l'aide des outils pertinents ;

– établir un diagnostic (ou une partie de diagnostic) préparant une prise de décision ;

– proposer des solutions pertinentes et envisager leur mise en œuvre dans le contexte présenté ;

– argumenter vos analyses et vos propositions.

On peut résumer par le schéma suivant :

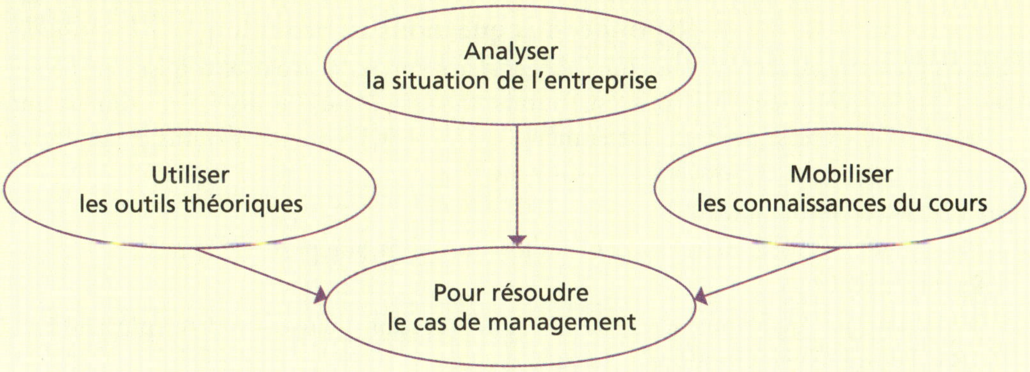

Méthodologie du cas d'entreprise

Cette épreuve écrite s'appuie sur l'étude d'un cas d'entreprise (voire de plusieurs). Le sujet est composé de trois parties.

❶ **Une série de questions :** en deux ou trois parties portant sur l'analyse de la situation de l'entreprise, l'identification du/des problème(s) de management et la proposition de solution(s) pertinente(s).

NB : ces questions pourront imposer l'utilisation d'outils théoriques ou appeler à argumenter en s'appuyant sur une théorie du management.

❷ **Le cas :** description d'une situation de management relative à une ou plusieurs entreprises au sein de leur environnement

❸ **Les ressources :** des documents divers (apports théoriques, études de marché, articles de journaux, interviews de spécialistes, situations d'entreprises similaires…) qui complètent les informations fournies dans la description de la situation. Ils ont vocation à donner des exemples de situations proches, à suggérer des solutions appliquées à des cas similaires ou à apporter les éléments d'une théorie.

Et les théoriciens ?
Le programme de management prévoit une trentaine de théories à connaître sur les deux années de BTS. Les auteurs de ces théories proposent des outils d'analyse (tableau de bord, analyse de valeur, forces concurrentielles…) que vous devez connaître et savoir appliquer pour répondre à certaines questions. Un tableau présentant les différents auteurs dans l'ordre d'apparition dans l'ouvrage est à votre disposition en page 117.

Démarche

Il est conseillé de suivre les étapes suivantes.

ÉTAPE 1 Lire attentivement le sujet complet une première fois
15 min conseillé

Vous devez tirer de cette première lecture une compréhension globale de la situation de management. Il faut lire toutes les questions : cela permet d'en identifier et d'en délimiter le contenu.

ÉTAPE 2 Lire le sujet complet une deuxième fois, un stylo à la main
15 min conseillé

Cette deuxième lecture doit vous permettre de repérer, au stylo, certains points importants en lien avec les questions posées.

ÉTAPE 3 À la lecture des questions, mobiliser les connaissances personnelles *10 min conseillé*

La lecture des questions doit vous suggérer des notions, des concepts appris en cours, ainsi que des références théoriques. Notez-les au brouillon pour chaque question sans les développer.

ÉTAPE 4 Répondre aux questions au brouillon *1 h conseillé*

Les connaissances acquises au cours de ces deux années doivent être mises en perspective avec le cas de management qui vous est soumis. Il s'agit donc d'utiliser vos connaissances dans le contexte d'entreprise proposé. De la même manière, le recours aux outils et aux théories de management est à mettre au service de votre analyse.

Suivez ces recommandations :

1. Ne rédigez pas totalement votre brouillon : ce serait une perte de temps ; posez les arguments sous forme de tirets.

2. Attention aux questions « à tiroirs » : une question peut comporter plusieurs « sous-questions ». Pensez à bien répondre à chacune d'elles !

3. Structurez vos réponses : la structure est importante à votre niveau. Cela donne une impression de logique, de clarté et d'ordre.

4. Validez la pertinence de vos réponses : « Ai-je bien répondu à la question posée ? ». Ce petit questionnement évite les oublis ou les hors-sujet. Par exemple, il est courant que l'étudiant explique les causes et les conséquences du problème de management… sans expliquer le problème lui-même !

ÉTAPE 5 Rédiger le devoir *1 h 10 conseillé*

Vous devez rédiger le devoir à partir de votre brouillon correctement structuré.

Évitez les fautes d'orthographe ou de grammaire : ces négligences réduisent le « capital sympathie » envers votre copie que peut avoir le correcteur !

ÉTAPE 6 Relire le devoir *10 min conseillé*

Étape difficile compte tenu de la fatigue mais indispensable pour éviter de perdre des points !

Réservez 10 minutes à la relecture de votre devoir : cela permet d'éliminer les erreurs de formulation (style, oubli de mots…) et au moins la moitié des fautes d'orthographe.

Un dernier conseil : pour valoriser votre copie (et récupérer d'éventuels points hors barème), vous pouvez donner brièvement quelques définitions importantes (par exemple, dans l'application proposée : méthode Pestel, stratégie, avantage concurrentiel…) avant de répondre à la question.

Application

Sunazur

Après avoir pris connaissance du cas Sunazur et des ressources proposées, réalisez une étude en répondant aux questions suivantes.

Questions

I. Analyse de la situation de l'entreprise

1. En utilisant la méthode Pestel, réalisez le diagnostic de l'entreprise Sunazur. Indiquez, pour chaque composante, s'il y a opportunité ou menace pour Sunazur.

2. Caractérisez la stratégie globale de Sunazur.

3. Identifiez l'avantage concurrentiel de Sunazur.

II. Identification du problème de management

4. Analysez le problème de management rencontré par l'entreprise Sunazur, et ses causes. Établissez le lien avec les éléments du diagnostic externe demandé à la question 1.

III. Proposition de solutions

5. Proposez des solutions susceptibles de répondre au problème de management identifié. Justifiez la pertinence des solutions proposées.

Le dossier comprend

- Le cas Sunazur
- Les ressources documentaires :

Annexe 1 RA-Light sous les *sunlights*
Annexe 2 La Chine signe son premier gros contrat photovoltaïque avec First Solar

Le cas Sunazur

Le positionnement de l'entreprise

L'entreprise Sunazur, basée à Lyon, est née en 2004. Positionnée sur le nouveau secteur des « *clean tech* », elle est entièrement dédiée à la pose de panneaux photovoltaïques. Ses systèmes solaires sont certifiés ISO 9001 depuis 2009. Marie Landon, ingénieur en informatique, et Florian Granin, technicien électricien, sont les fondateurs de cette belle PME, qui emploie aujourd'hui 50 personnes. L'entreprise Sunazur achète les panneaux déjà assemblés à un fabricant allemand, Solarion, situé près de la frontière franco-allemande, réputé pour la qualité de ses produits. La proximité géographique de son fournisseur est un atout pour l'entreprise en termes de coûts et de délai de livraison. Par rapport à ses concurrents, Sunazur bénéficie d'une bonne réputation locale liée à la qualité de son travail. Il n'est pas le moins cher sur le marché, ce qui le pénalise sur certaines affaires, mais les interventions au titre de la garantie et du service après-vente sont beaucoup moins fréquentes.

Un marché réel

À la faveur du pétrole cher et de la prise de conscience du réchauffement climatique, la production d'électricité solaire grimpe de 50 % chaque année. Pourtant, le photovoltaïque, qualifié par l'institut Photon Consulting de « bijou dans une minuscule boîte », ne fournit encore que… 0,06 % de la consommation mondiale de courant ! Le marché est donc bien là.

Des équipes spécialisées

Sur les chantiers, des couvreurs et des électriciens spécialisés dans le photovoltaïque réalisent la pose des matériels. Ils sont supervisés par des chefs de chantier qui sont chargés de faire l'intermédiaire ▸▸▸

▶▶▶

avec les clients et de coordonner les équipes de travail. La phase d'étude des projets nécessite la compétence d'ingénieurs et de dessinateurs industriels. Une équipe de dix commerciaux pilotée par le directeur commercial Julien Prévot constitue la force de vente. Enfin, le personnel administratif assure la comptabilité, la gestion du personnel, le secrétariat et le suivi commercial.

Les clients de Sunazur

La SARL Sunazur propose une solution écologique et économique pour la production d'électricité. Les solutions « clé en main » permettent aux clients de produire leur propre électricité et de revendre le surplus à EDF. De plus, les différentes mesures de défiscalisation proposées par le gouvernement aux particuliers à la suite du Grenelle de l'environnement favorisent les ventes de l'entreprise. Ainsi, la revente d'électricité d'une part et la défiscalisation d'autre part, couplées aux aides des départements, permettent aux clients de « boucler » leur financement de projet photovoltaïque.

Les clients traditionnels de l'entreprise sont des particuliers qui réalisent un projet sur leur habitation. Les ventes aux particuliers représentent 80 % du chiffre d'affaires total de Sunazur. Depuis trois ans, l'entreprise travaille avec des professionnels qui souhaitent faire équiper le toit de leur restaurant, de leur hôtel ou de leur ferme de panneaux photovoltaïques.

Plus récemment, depuis deux ans, l'entreprise se lance dans des projets de plus grande ampleur : l'équipement des toits des grandes surfaces comme les hypermarchés.

Un développement à l'international freiné par la crise ?

Depuis 2007, Sunazur a implanté une usine en Pologne et une autre en Allemagne. À partir de là, elle commence à vendre dans les pays de l'Est. Sunazur poursuit sa croissance. Aujourd'hui, elle réalise 90 % de son chiffre d'affaires en France et le reste en Europe. Mais le marché de l'Est connaît une croissance de 20 % par an. Marie Landon, de son côté, est persuadée que Sunazur pourrait avoir sa place sur le marché chinois. Florian Granin lui oppose régulièrement la difficulté de ce type de projet.

En 2010, les effets négatifs de la crise commencent à se faire sentir. L'État français, fortement endetté, annonce en septembre une mesure fiscale majeure pour le secteur : la baisse du crédit d'impôt de 50 % à 25 % pour les installations photovoltaïques chez les particuliers à partir du 1er janvier 2011. De plus, en novembre, le gouvernement décide de réduire le tarif d'achat de l'électricité photovoltaïque par EDF aux particuliers. Cette baisse de tarif qui pourrait atteindre 10 % par rapport au tarif actuel (soit 58 centimes le MW) est consécutive à l'explosion de la demande de panneaux photovoltaïques impliquant une production d'électricité dépassant le quota des particuliers.

Sunazur, comme les sociétés du secteur, est inquiète car de nombreux clients ont d'ores et déjà annulé leur projet. Le coût d'une installation de panneaux chez les particuliers étant de 8 000 euros en moyenne, jusqu'alors, le particulier n'assumait que 4 000 euros grâce à la réduction d'impôt de 50 %. À partir de début janvier 2011, c'est un surcoût de 2 000 euros que le particulier devra supporter. Depuis ces deux annonces par les médias, les clients appellent l'entreprise pour être rassurés. Certains reportent leur projet, d'autres l'annulent par prudence. Aux dernières nouvelles, 40 % des projets sont « en danger ».

Annexe 1

RA-Light sous les *sunlights*

Créée fin 1999, la *start-up* allemande est numéro 3 dans l'installation photovoltaïque. Son défi : faire de la croissance et résister aux fournisseurs chinois. Cette entreprise qui emploie 200 salariés vend des panneaux en Allemagne (60 % de son chiffre d'affaires), en France (20 % de son chiffre d'affaires) et dans le reste de l'Europe.

Cette entreprise, gérée « au plus près », ne produit rien. Elle achète des panneaux photovoltaïques à des fournisseurs européens sélectionnés pour les installer. Le positionnement de RA-Light est clair, comme le résume Rolf Wolf, son PDG : « Ne nous demandez pas de faire du *low cost*, on ne sait faire que de la qualité ! Normal : la bataille sur les prix face aux chinois est perdue d'avance ! » Et ça marche : 50 % de croissance en deux ans avec des prix de vente 15 % plus élevés que ceux de la concurrence !

Autre choix stratégique : l'installation des panneaux photovoltaïques sur des surfaces minimales de 300 m². Ses clients sont les collectivités locales, les hypermarchés, les grandes exploitations agricoles. Exit les particuliers : l'instabilité des mesures fiscales en France (dernièrement, la suppression du crédit d'impôt), la chute du pouvoir d'achat ont eu raison de ce marché. Le marché des entreprises est bien plus stable (pas d'aides de l'État) et beaucoup plus rentable.

Annexe 2

La Chine signe son premier gros contrat photovoltaïque avec First Solar

Le leader mondial des panneaux solaires, l'entreprise américaine First Solar, a annoncé mardi la signature d'un protocole d'accord avec le gouvernement chinois. Cet accord prévoit la construction d'une gigantesque centrale solaire photovoltaïque au sol de 2 gigawatts dans la ville d'Ordos, en Mongolie intérieure. Cette centrale photovoltaïque aura donc la capacité de production de 2 centrales nucléaires, ce qui en fera la plus grande installation de panneaux solaires jamais réalisée !

La Chine avait récemment annoncé un plan de soutien à l'énergie solaire pour l'ensemble de la filière photovoltaïque chinoise. Pour réellement montrer son implication dans les énergies renouvelables, le gouvernement chinois avait demandé au président du Comité permanent de l'assemblée populaire de Chine d'être présent au moment de la signature. La construction de cette centrale photovoltaïque au sol devrait s'échelonner sur plusieurs années. La première partie du chantier débutera le 1er juin 2010 avec la réalisation d'un projet pilote de 30 mégawatts [...].

www.bati-depot.fr

Corrigé

1. À la lecture des questions, mobiliser les connaissances personnelles

Question 1 : Pestel : outil de diagnostic **externe**, plus précisément du macroenvironnement de l'entreprise Sunazur (environnement « large »).
Attention : deux sous-questions !

Question 2 : la stratégie globale exclut la stratégie de domaine (focalisation, domination par les coûts et différenciation) ; ici : spécialisation, diversification, externalisation, intégration…

Question 3 : un avantage concurrentiel est le point fort de Sunazur par rapport à ses concurrents.

Question 4 : le diagnostic externe doit permettre de trouver le problème de management de Sunazur.
Attention : deux sous-questions !

Question 5 : solution pertinente = solution adaptée au problème posé.
Attention : deux sous-questions !

2. Répondre aux questions au brouillon

Éléments de correction

I. Analyse de la situation de l'entreprise

1. En utilisant la méthode Pestel, réalisez le diagnostic de l'entreprise Sunazur. Indiquez, pour chaque élément, s'il y a opportunité ou menace pour Sunazur.
La méthode Pestel permet de réaliser un diagnostic externe du macroenvironnement de l'entreprise.

Dans le cas Sunazur :
– la composante politique : volonté du pouvoir politique chinois de promouvoir le photovoltaïque (opportunité)
– la composante économique : croissance importante du marché du photovoltaïque, croissance des marchés d'Europe de l'Est et de la Chine (opportunité)
– la composante socioculturelle : prise en compte de la dimension écologique, changement des mentalités vers un plus grand respect de l'environnement (opportunité)

– la composante technologique : évolution du secteur des « clean tech » (énergies vertes…) (opportunité)
– la composante écologique : sensibilisation à la protection de l'environnement (opportunité)
– la composante légale : décision du gouvernement français de baisser le crédit d'impôt sur les installations photovoltaïques, baisse des tarifs de rachat de l'électricité aux particuliers par EDF (double menace)

2. Caractérisez la stratégie globale de Sunazur.
Une stratégie est une voie à long terme que trace l'entreprise, qui engage son avenir et sa pérennité.

Plusieurs réponses possibles :
– stratégie de spécialisation : un seul métier (un seul DAS), ici : l'installation de panneaux photovoltaïques ;
– stratégie d'internationalisation : importation des panneaux d'Allemagne, production en Allemagne et en Pologne, réalisation de 10 % de son CA en Europe.

3. Identifiez l'avantage concurrentiel de Sunazur.
C'est le point fort de l'entreprise.
Pour Sunazur, l'avantage concurrentiel est la qualité : Sunazur ne recherche pas à vendre moins cher que les concurrents mais à proposer des installations de qualité. Ce qui lui procure une bonne image de marque et une forte notoriété locale.

II. Identification du problème de management

4. Analysez le problème de management rencontré par l'entreprise Sunazur et ses causes. Établissez le lien avec les éléments du diagnostic externe demandé à la question 1.
Le problème de management concerne ici la clientèle de particuliers de Sunazur. Les particuliers qui représentent 90 % du chiffre d'affaires de l'entreprise, reviennent sur leurs projets car ils sont inquiets pour l'aspect financier de leur projet photovoltaïque : 40 % des projets sont reportés ! Ainsi Sunazur risque de perdre une partie de sa clientèle et de son chiffre d'affaires.

Les causes : deux décisions de l'État français : la diminution de la réduction d'impôt de 50 % à 25 % et la baisse des tarifs de revente de l'électricité d'EDF aux particuliers (– 10 %). Ces deux éléments génèrent un « surcoût » pour les particuliers qui ne pourront peut-être plus financer leurs projets.

Lien avec le diagnostic externe : la composante légale faisait apparaître pour l'entreprise la menace du changement de la législation française (crédit d'impôt et baisse des tarifs de l'électricité).

III. Proposition de solutions

5. Proposez des solutions susceptibles de répondre au problème de management identifié. Justifiez la pertinence des solutions proposées.
À la lecture des ressources, on peut proposer les solutions suivantes.

– **Poursuivre la stratégie de différenciation par la qualité :** prendre l'exemple de la société RA-LIGHT, numéro 3 du secteur : 50 % de croissance en deux ans avec des prix de vente 15 % plus élevés que ceux de la concurrence. Il faut « se battre » sur la qualité car les entreprises européennes ne pourront jamais concurrencer sur les prix les fabricants chinois. Sunazur a déjà cet avantage concurrentiel.

– **Cibler les marchés porteurs d'Europe de l'Est :** pour Sunazur, le marché de l'Est connaît une croissance de 20 % par an, pourtant, il ne représente que 10 % de son chiffre d'affaires. Elle a aussi deux usines (Allemagne et Pologne). Marché dynamique à développer.

– **Profiter de l'opportunité chinoise :** volonté politique de promouvoir le photovoltaïque, marché gigantesque en plein essor. Et la volonté de Marie Landon, un des dirigeants de Sunazur, d'investir ce marché. Possibilité d'accroître son chiffre d'affaires pour « compenser » le risque en France.

– **Développer le marché des professionnels :** prendre l'exemple de RA-LIGHT qui a délaissé les particuliers au profit des grandes installations (minimum 300 m^2) destinées aux professionnels : moins risquées, plus stables, plus rentables. Sunazur réalise actuellement seulement 10 % de CA avec les entreprises, contre 90 % avec les particuliers.

Biographie des auteurs (1re et 2e années de BTS)

Thème	Théoriciens	Ce qu'ils ont dit
		BTS 1re ANNÉE
Entrepreneuriat et innovation	**SCHUMPETER** Joseph Aloïs (1883-1950) Économiste autrichien	**L'entrepreneur** est au cœur de la dynamique économique car il prend des risques pour innover et créer de nouvelles opportunités de marché. Les innovations, parce qu'elles se créent, s'épuisent et disparaissent au profit d'autres, dynamisent l'activité économique (**la « destruction créatrice »**).
La finalité de l'entreprise	**DRUCKER** Peter (1909-2005) Consultant et théoricien autrichien émigré aux États-Unis	La recherche du profit n'est pas une fin en soi. Le but premier est de **satisfaire le client**. Le profit est alors le résultat de l'excellence du management, non la cause.
L'évaluation de la performance de l'entreprise	**SLOAN** Alfred (1875-1966) Ex-dirigeant américain de General Motors	Il préconise un « contrôle centralisé des décisions décentralisées » par l'intermédiaire d'un outil qu'il invente : **le tableau de bord de gestion** portant des indicateurs quantitatifs.
L'évaluation de la performance de l'entreprise	**NORTON** Robert (1940) KAPLAN David (1941) Chercheurs américains	Inventeurs du **tableau de bord prospectif (BSC ou *Balanced ScoreCard*)**. La performance est mesurée de manière complète à partir d'indicateurs financiers et non financiers sous quatre angles : la finance, le client, les processus et compétences internes, l'innovation.
Le processus de décision	**SIMON** Herbert (1916) Économiste américain et prix Nobel d'Économie	Célèbre pour ses travaux sur la prise de décision. La prise de décision passe par trois étapes : **le modèle IMC**, à savoir l'identification du problème (Intelligence), la recherche et l'évaluation des solutions possibles (Modélisation) et le choix d'une solution qui correspond à la prise de décision (Choix). **La théorie de la rationalité limitée** : aucune décision n'est parfaitement rationnelle car influencée par différents facteurs (le temps, le budget, l'environnement…). L'individu prendra une décision « satisfaisante », non optimale.
Les styles de direction comme facteurs de contingence de la décision	**LIKERT** Rensis (1903-1981) Psychologue américain	**Les styles de direction** influencent la prise de décision. Il existe quatre styles de direction : autoritaire-exploiteur, paternaliste, consultatif, participatif. Le style participatif basé sur la confiance et la concertation est le plus porteur de résultats selon Likert.
La démarche stratégique	**MINTZBERG** Henry (1939) Professeur à l'université de Montréal	Il distingue deux types de stratégies : **la stratégie « délibérée »**, qui est planifiée et réfléchie, et **la stratégie « émergente »**, qui est élaborée dans l'action en s'adaptant à la situation. Les deux coexistent.

Biographie des auteurs

Thème	Théoriciens	Ce qu'ils ont dit
La démarche stratégique	**LEARNED, CHRISTENSEN, ANDREWS, GUTH** Théoriciens américains du management et professeurs à Harvard	**Le modèle LCAG** décompose la démarche stratégique : en partant du diagnostic interne et externe de l'entreprise et en prenant en compte les valeurs (managériales et environnementales), on arrive à formuler la stratégie. Ce modèle donnera naissance à la matrice FFOM (ou SWOT).
Le diagnostic stratégique	**PORTER** Mickael (1947) Professeur américain à Harvard	M. Porter a mis au point trois outils permettant le diagnostic stratégique : – **le modèle des cinq forces concurrentielles** est un outil de diagnostic externe : cinq forces agissent sur la position concurrentielle de l'entreprise (par l'intermédiaire de l'intensité concurrentielle), à savoir : les acheteurs, les entrants potentiels, les produits de substitution, les pouvoirs publics, les fournisseurs ; – **l'identification des groupes stratégiques** est un outil de diagnostic externe : un groupe stratégique représente les concurrents directs de l'entreprise. Savoir les identifier permet à l'entreprise de mesurer l'intensité concurrentielle sur un marché ; – **la chaîne de valeur** constitue un outil de diagnostic interne car elle permet une analyse des ressources de l'entreprise : l'entreprise doit coordonner des activités principales (directement liées au client comme la production, la distribution) créatrices de valeur et des activités de soutien qui permettent le bon fonctionnement des activités principales. La bonne coordination de toutes ces activités aboutit à l'obtention d'un avantage concurrentiel.
Le diagnostic stratégique	**PENROSE** Edith (1914-1996) Théoricienne américaine du management	Cette approche peut être utilisée pour réaliser le diagnostic interne de l'entreprise. L'entreprise est analysée comme un ensemble de ressources de deux types : **les ressources tangibles** (équipements, ressources financières…) et **les ressources intangibles** (notoriété, image, savoir-faire). La capacité de l'entreprise à mobiliser ces ressources conduit à l'accroissement de profit.
Le diagnostic stratégique	**HAMEL** Gary (1947) et **PRAHALAD** (1941) Professeurs et consultants américains	Leur approche peut être utilisée pour réaliser le diagnostic interne de l'entreprise. Afin d'acquérir **un avantage concurrentiel**, l'entreprise doit savoir identifier **ses compétences distinctives**, c'est-à-dire fondamentales et spécifiques lui permettant de se différencier.
Les choix stratégiques	**LANSOFF** Igor (1918-2002) Théoricien et dirigeant d'entreprise d'origine russe émigré aux États-Unis	**La stratégie de diversification** peut être étudiée à travers une matrice produit/marché. Elle correspond au fait de proposer de nouveaux produits sur de nouveaux marchés.
Les choix stratégiques	**PORTER** Mickael (1947) Professeur américain à Harvard	**La stratégie de focalisation** consiste pour l'entreprise à se limiter à un marché géographique précis ou à un secteur d'activité spécifique afin d'éviter la concurrence directe et d'exploiter un savoir-faire technologique.

Biographie des auteurs

Thème	Théoriciens	Ce qu'ils ont dit
	BTS 2e ANNÉE	
Les facteurs d'influence de la structure de l'entreprise (les facteurs de contingence)	**CHANDLER** Alfred (1918-2007) Historien et économiste américain	La stratégie détermine la structure de l'entreprise (exemple : une entreprise qui décidera de se spécialiser adoptera une structure plus centralisée).
Les facteurs d'influence de la structure de l'entreprise (les facteurs de contingence)	**LAWRENCE** (1923) et **LORSCH** (1932) Professeurs à Harvard	L'environnement en tant que **facteur de contingence** influence la structure de l'entreprise : plus l'environnement est instable et incertain, plus l'entreprise différencie ses produits et plus elle réintègre des fonctions. Cette adaptation de la structure à l'environnement conduit à une amélioration de la performance de l'entreprise.
Les facteurs d'influence de la structure de l'entreprise (les facteurs de contingence)	**WOODWARD** Joan (1916-1971) Sociologue britannique	**Le système technique** (ou mode de production) influence la structure de l'entreprise (nombre de niveaux hiérarchiques, taille des équipes, degré de standardisation du travail).
Les configurations structurelles	**MINTZBERG** Henry (1939) Professeur de management à l'université de Montréal	Chaque **configuration structurelle** est composée de cinq éléments incontournables (le sommet stratégique, le centre opérationnel, la techno-structure et les fonctions de supports et de logistique et la ligne hiérarchique).
Les configurations structurelles	**AOKI** Masahiko (1938) Économiste japonais Professeur à Stanford	Distinction entre les **firmes japonaise** (J) et **américaine** (H) sur les modes de coordination et les systèmes d'incitation au travail.
L'évolution de la structure	**HAMMER** Michael et **CHAMPY** James Professeurs américains d'université et consultants d'entreprises	Le ***reengineering*** : pour améliorer la performance de l'entreprise, il faut repenser totalement son organisation et ses processus de fonctionnement à partir d'une « feuille blanche ».
L'évolution de la structure	**GREINER** Larry Professeur américain de management	Il met en évidence **les cycles du changement structurel**. L'entreprise croît en traversant une série de phases (depuis l'entrepreneuriat jusqu'à la collaboration) jalonnées de crises qui doivent être surmontées pour poursuivre cette croissance.
L'évolution de la structure	**CROZIER** Michel (1922) Sociologue français	À tous les niveaux, les individus se comportent en stratèges dans les organisations (**notion d'acteur stratège**) : ils jouent, trichent, élaborent des plans, passent des alliances. Ces jeux de pouvoir illustrent la résistance et l'adaptation des acteurs au changement.

Biographie des auteurs

Thème	Théoriciens	Ce qu'ils ont dit
La motivation des salariés	**CYERT** Richard M. (1921-1998) et **MARCH** James G. (1928) Chercheurs et universitaires américains	**La théorie du décideur politique :** l'entreprise est un groupe d'individus aux intérêts divergents (salariés, dirigeants, associés..). Les acteurs sont amenés à négocier pour trouver un compromis acceptable par tous, pour le bien de la collectivité (comme le ferait un homme politique face à une problématique).
La motivation des salariés	**HERZBERG** Frederick Irving (1923-2000) Psychologue américain	**L'analyse bifactorielle :** il existe deux types de facteurs de satisfaction de l'individu au travail : les facteurs d'hygiène ou de conditionnement (communication, salaire, hiérarchie…) dont la prise en compte empêche l'insatisfaction au travail, et les facteurs « moteurs » ou valorisants (intérêt du travail, reconnaissance, avancement…) qui ont un impact direct sur la motivation de l'individu.
La motivation des salariés	**MASLOW** Abraham (1908-1970) Psychologue américain	**La pyramide des besoins :** les besoins des individus sont hiérarchisés sous la forme d'une pyramide faisant apparaître de la base au sommet cinq types de besoins allant des besoins physiologiques au besoin d'accomplissement et de réalisation. La satisfaction des besoins de base permet d'envisager la satisfaction des besoins de niveau supérieur.
La motivation des salariés	**VROOM** Victor H. (1932)	**La théorie VIE ou théorie des attentes :** la motivation est le produit de trois éléments : l'Expectation (les attentes de l'individu par rapport à ses effort : suis-je capable de ?), l'Instrumentalité (la probabilité que l'effort soit récompensé : que vais-je obtenir grâce à ma récompense ?) et la Valence (la valeur attribuée à la récompense : suis-je justement récompensé ?). L'idée est la suivante : si un individu est capable de fournir un certain travail, qu'il en est récompensé, à sa juste valeur, alors l'individu est motivé.

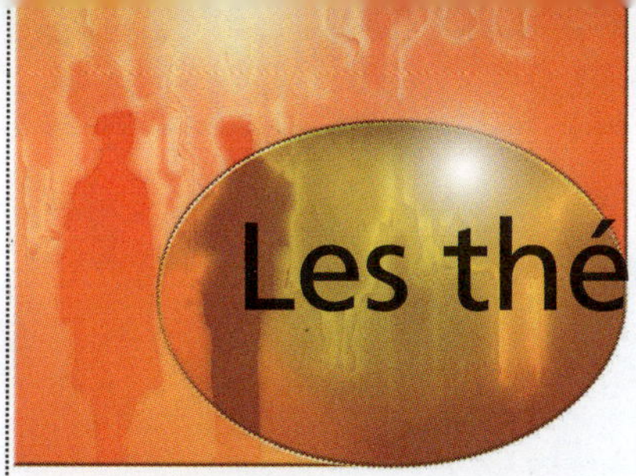

Les théoriciens du management

Identifiez les théoriciens du management auteurs des concepts qui suivent en indiquant éventuellement le nom de la théorie ou du concept dont il est question.

BTS 1re ANNÉE

1/ La décision n'est pas un acte parfaitement rationnel car l'individu ne maîtrise pas tous ses paramètres. Il peut être contraint de prendre une décision dans l'urgence sans avoir accès à toutes les informations disponibles.
L'auteur est.. .

2/ Une stratégie efficace est double : elle est pensée et planifiée par le haut management, autant qu'improvisée dans l'action. Une bonne stratégie est à la fois délibérée et émergente.
L'auteur est.. .

3/ L'innovation est source de croissance économique. L'entrepreneur, par sa prise de risque et son sens de l'innovation, dynamise l'activité.
L'auteur est.. .

4/ Le BSC ou tableau de bord prospectif regroupe à la fois des indicateurs financiers et non financiers. Les quatre angles d'étude sont : le client, les processus et compétences internes, l'innovation et la finance.
L'auteur est.. .

5/ La prise de décision suit le processus IMC : Intelligence, Modélisation, Choix.
L'auteur est.. .

6/ On peut classer les managers selon leur style de management (exploiteur, paternaliste, consultatif, participatif) qui aura une influence sur leurs décisions. Le style participatif est celui qui conduit à la performance.
L'auteur est.. .

7/ La recherche du profit n'est pas une fin en soi. L'entreprise doit s'occuper de satisfaire le client : c'est sa finalité. Le profit est la récompense de l'excellence du management.
L'auteur est.......Drucker................................... .

8/ L'intensité concurrentielle que subit une entreprise est influencée par cinq forces : les entrants potentiels, les produits de substitution, les pouvoir publics, le pouvoir de négociation des fournisseurs, et le pouvoir de négociation des clients. Cela permet le diagnostic concurrentiel de l'entreprise.
L'auteur est.......Porter................................... .

9/ L'élaboration de la stratégie relève d'une vraie démarche. Elle s'appuie sur l'analyse de l'entreprise et son environnement et sur celle des valeurs managériales et environnementales.
L'auteur est.......L.C.A.G................................... .

10/ On distingue les activités principales de l'entreprise (celle qui sont en contact avec le client) et les activités de soutien (RD, informatique) qui « soutiennent » les activités principales. Une bonne coordination de ces activités est créatrice de valeur.
L'auteur est.......Porter................................... .

11/ Les ressources de l'entreprise sont tangibles et intangibles. Plus l'entreprise maîtrise ses ressources, plus elle construit un avantage concurrentiel solide.
L'auteur est.......Barney................................... .

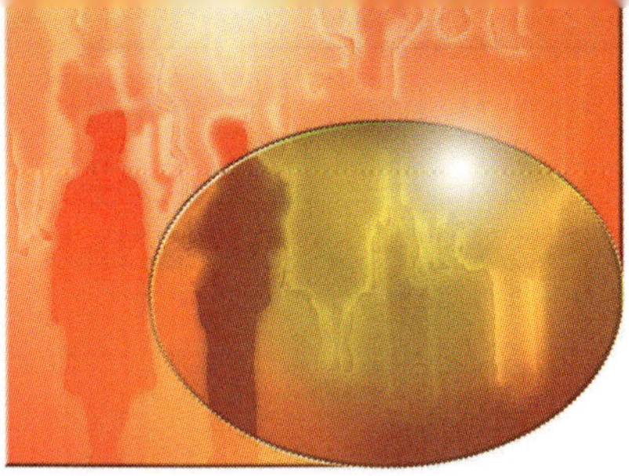

12/ La décentralisation des décisions est indispensable. Le tableau de bord de gestion permet d'instaurer un contrôle centralisé des décisions décentralisées.
L'auteur est..

13/ Pour obtenir un avantage concurrentiel, l'entreprise doit repérer ses compétences fondamentales ou distinctives qui lui permettent de construire un avantage concurrentiel solide.
L'auteur est..

14/ La stratégie de focalisation correspond au choix d'une entreprise de se limiter à une zone géographique ou à un secteur d'activité ciblé.
L'auteur est..

15/ La stratégie de diversification correspond pour une entreprise à entrer sur un nouveau marché avec de nouveaux produits.
L'auteur est..

16/ Il est indispensable d'identifier les groupes stratégiques qui correspondent aux concurrents directs. Cela permet de diagnostiquer l'intensité concurrentielle sur le marché de l'entreprise.
L'auteur est..

BTS 2e ANNÉE

17/ La stratégie influence la structure : l'entreprise qui adopte une stratégie de diversification aura une structure plus complexe car décentralisée, contrairement à une entreprise spécialisée.
L'auteur est..

18/ Le pouvoir n'est pas détenu par un individu. Il naît des jeux de pouvoirs, de négociation, de tractation entre individus qui sont de véritables stratèges.
L'auteur est..

19/ Le mode de production influence la structure de l'entreprise. L'entreprise qui produit à l'unité possède une configuration structurelle bien coordonnée avec un nombre limité de niveaux hiérarchiques.
L'auteur est..

20/ On peut distinguer la firme J (japonaise) et la firme H (américaine). La première favorise le travail en équipe et la polyvalence, la seconde fonctionne par la hiérarchie.
L'auteur est..

21/ Rien ne sert de passer du temps à « paver les chemins de terre » : il faut être capable de repenser totalement l'organisation de l'entreprise à partir d'une feuille blanche pour arriver à une structure efficace.
L'auteur est..

22/ L'environnement influence la structure de l'entreprise. La capacité de l'entreprise à s'adapter améliore sa performance.
L'auteur est..

23/ La structure d'une entreprise est composée de cinq éléments incontournables : le sommet hiérarchique pense, le centre opérationnel exécute, la technostructure conseille, la ligne hiérarchique transmet les informations comme une colonne vertébrale, et la logistique supporte le tout.
L'auteur est..

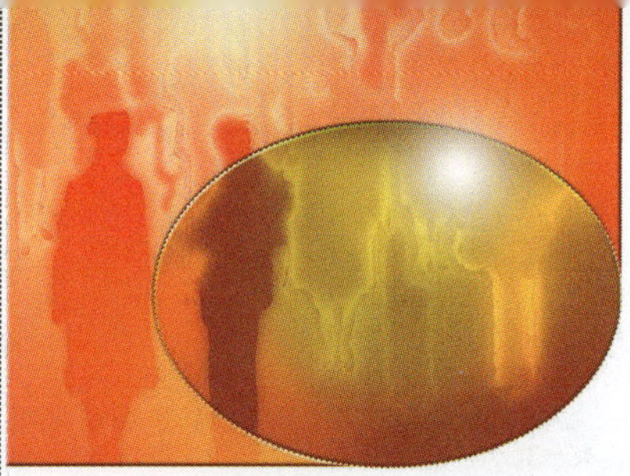

24/ La motivation est psychologique : je suis motivé si je suis capable de réaliser un travail et si je suis justement rétribué des efforts fournis par rapport à mes attentes. C'est la théorie VIE (Valence, Instrumentalité, Expectation).
L'auteur est……………Vroom………….. .

25/ Le changement structurel rencontre des résistances de la part des individus. Ainsi, pour grandir, l'entreprise traverse des cycles jalonnés de crises.
L'auteur est………………greiner……………….. .

26/ L'individu est motivé si ses besoins sont satisfaits. On peut ainsi déterminer une pyramide qui hiérarchie les besoins. Il faut satisfaire les besoins « inférieurs » pour accroître la motivation.
L'auteur est…………………Maslow……………….. .

27/ La motivation dépend de deux types de facteurs : les facteurs d'hygiène ou de conditionnement, qui évitent la démotivation sans pour autant accroître la motivation, et les facteurs moteurs ou valorisant qui ont une influence directe sur la motivation des individus.
L'auteur est………………………………….. .

28/ L'entreprise est un groupe d'individus aux intérêts divergents. Cependant, pour le bien de la collectivité, ils devront trouver un « compromis » par la négociation.
L'auteur est………………………………….. .

Corrigés

BTS 1

1. Simon : la théorie de la rationalité limitée – 2. Mintzberg – 3. Schumpeter – 4. Norton et Kaplan : le BSC – 5. Simon : le modèle IMC – 6. Likert – 7. Drucker – 8. Porter : le modèle des cinq forces concurrentielles – 9. Learned, Christensen, Andrews, Guth : Le modèle LCAG – 10. Porter : la chaîne de valeur – 11. Penrose – 12. Sloan : le tableau de bord de gestion – 13. Hamel et Prahalad – 14. Porter : la stratégie de focalisation – 15. Ansoff – 16. Porter : les groupes stratégiques.

BTS 2

17. Chandler – 18. Crozier : l'acteur stratège – 19. Woodward – 20. Masahiko Aoki – 21. Hammer et Champy : le reengineering – 22. Lawrence et Lorsch – 23. Henry Mintzberg – 24. Victor Vroom : la théorie VIE ou des attentes – 25. Larry Greiner – 26. Abraham Maslow : la pyramide des besoins – 27. Frederick Herzberg : l'analyse bifactorielle – 28. Cyert et March : la théorie du décideur politique.

Lexique

→ A

Affacturage
Escompte des créances clients d'une entreprise auprès d'une société spécialisée ou *factor*.

Augmentation de capital
Apport au capital d'une entreprise, en numéraire ou par une opération comptable, sous la forme de transformation de réserves.

Autofinancement
Ressources financières internes à l'entreprise provenant de la rentabilité de son activité.

→ B

Besoin
État de manque de ce qui est nécessaire.

Besoin en fonds de roulement (BFR)
Décalage de trésorerie, entre les encaissements et les décaissements, provenant du cycle d'exploitation de l'entreprise.

Bilan social
Document comptable que doit établir chaque entreprise de plus de 300 salariés en fin d'exercice comptable. Il retrace les principaux indicateurs sociaux : emploi (effectif, embauches et départs, absentéisme…), rémunérations et charges sociales, conditions de travail, formation, conditions d'hygiène et sécurité.

Brevet
Titre de propriété industrielle délivré à l'inventeur d'un produit ou d'une technique de fabrication.

→ C

Centre opérationnel
Centre constitué par les opérateurs de base qui produisent les biens et délivrent les services (Henry Mintzberg).

Changement structurel
Processus par lequel la structure d'une organisation – dans sa globalité ou pas – se trouve modifiée afin d'atteindre un meilleur état de fonctionnement et de performances.

Cohésion
Forte union entre les membres d'un groupe (salariés d'une entreprise par exemple).

Communication
Action consistant à établir une relation avec autrui et à se transmettre des informations entre individus.

Communication informelle
Ensemble d'échanges spontanés et directs entre les membres de l'organisation, quel que soit leur niveau hiérarchique.

Compétence
Ensemble de connaissances, de capacités d'action (savoir-être), d'expériences structurées en fonction d'un but à atteindre.

Concours bancaires
Ensemble des crédits accordés par les banques à court terme : découvert, crédit de campagne et autres crédits à moins de un an.

Connaissance
Ensemble des savoirs individuels ou collectifs détenus par les acteurs de l'entreprise.

Coordination du travail
Ensemble d'actions permettant aux différentes composantes de l'entreprise d'agir en cohérence.

Créativité
Capacité à combiner des idées de façon unique et originale.

Crédit-bail
Mode de financement des investissements consistant en un contrat de location d'un bien assorti d'une option de vente au locataire en fin de contrat.

Crédit interentreprises
Crédit commercial consenti par une entreprise qui accorde à son cocontractant des délais de paiement.

Culture d'entreprise
Ensemble de valeurs partagées par les salariés d'une même entreprise.

Cycle de vie des organisations
Succession de phases qui se traduisent par un changement de style de management, de coordination et de division du travail. Chaque phase se termine par une crise qui permet la transition vers la phase suivante.

Cycle d'exploitation
Ensemble des opérations récurrentes nécessaires à l'entreprise pour passer de la consommation des matières premières à leur transformation puis à la vente des produits. La durée du cycle d'exploitation est très variable selon l'activité.

→ D

Décentralisation
Processus par lequel le pouvoir détenu par le sommet hiérarchique est réparti en différentes unités autonomes.

Démarche qualité
Processus mis en œuvre afin d'atteindre les objectifs établis dans le cadre d'une politique de qualité.

Division du travail
Décomposition rationnelle du travail en tâches (division horizontale) et en niveaux hiérarchiques (division verticale).

Donnée
Élément de base qui résulte le plus souvent d'une observation ou d'une mesure.

Droit individuel à la formation (DIF)
Droit dans le cadre duquel l'entreprise est obligée d'allouer, à chacun de ses salariés, vingt heures de formation par an.

→ E

Effectif
Nombre de personnes composant le personnel de l'entreprise.

Emprunt
Dette financière remboursable à moyen ou à long terme.

Enrichissement des tâches
Opération consistant à ajouter des tâches plus intéressantes (notamment de préparation et/ou de contrôle) à des tâches d'exécution.

Entreprise réseau
Ensemble de plusieurs entreprises ou d'entités interdépendantes ayant chacune une compétence spécifique et qui entretiennent de façon unique ou récurrente des relations sur un processus global.

→ F

Facteur de contingence
Élément ayant un impact sur l'organisation.

Flexibilité externe
Ensemble de mesures adoptées par l'entreprise afin d'adapter au mieux ses facteurs travail et capital aux exigences de l'environnement, en ayant recours aux possibilités offertes par ce dernier (sous-traitance, CDD, intérim…).

Flexibilité sociale
Politique de gestion des ressources humaines mise en place dans les entreprises de façon à adapter l'activité aux évolutions rapides de la demande.

Lexique

Fonction de support logistique
Unités de personnel fournissant des services internes aux autres composants de la structure.

Fonds de roulement
Différence entre les ressources stables de l'entreprise et ses emplois stables, soit à plus de un an.

Formation
Ensemble des activités visant à assurer l'acquisition des capacités pratiques, des connaissances et des attitudes requises pour occuper un emploi. Elle permet aux employés d'être plus compétents, plus impliqués, mieux informés ; également de se réorienter professionnellement. Elle constitue un investissement pour l'entreprise en « capital humain ».

➔I

Impartition
Stratégie qui consiste à « faire faire » à l'extérieur, à externaliser une partie des activités de l'entreprise. Elle peut prendre la forme de sous-traitance, d'*outsourcing*, d'*offshoring*. Elle s'oppose aux stratégies d'intégration.

Incitation au travail selon M. Aoki
Techniques présentes dans la firme J (rotation des tâches, partage du pouvoir...) qui la rendent plus souple et plus réactive.

Informations
Ensemble de données structurées et organisées pour donner forme à un message résultant d'un contexte donné.

Innovation
Processus par lequel une connaissance engendre une création de valeur supplémentaire pour l'entreprise sous forme de bien, de service ou de procédé.

Invention
Réponse technique novatrice apportée à une situation nouvelle ou à un problème rencontré.

Investissement
Transformation de ressources monétaires en capital fixe dans le but d'en retirer des revenus futurs. L'investissement peut se traduire par l'acquisition d'immobilisations corporelles (biens de production, matériel de transport...), incorporelles (brevet, fonds de commerce...) ou financières (titres de participation...).

➔L

Licenciement
Rupture du contrat de travail d'un salarié pour motifs personnels ou économiques.

Ligne hiérarchique
Hiérarchie d'autorité qui relie le sommet stratégique et le centre opérationnel.

➔M/N/O

Management des connaissances (en anglais, *knowledge management*)
Ensemble de processus qui visent à exploiter les compétences organisationnelles et humaines en créant une culture de l'apprentissage.

Management motivationnel
Ensemble d'actions mises en place par le management visant à motiver les salariés dans l'entreprise.

Mobilité
Changement de situation de personnel, qu'il s'agisse de mobilité géographique (changement de lieu de travail), de mobilité professionnelle (changement de profession) ou de mobilité sectorielle (changement de secteur d'activité).

Motivation
Phénomène psychologique qui consiste à créer chez un individu les conditions qui le poussent à agir.

Organigramme
Représentation schématique de la structure d'une entreprise, de ses membres et de leurs fonctions.

➔P

Partie prenante (en anglais, *stakeholder*)
Individu ou groupe d'individus étant en relation avec une entreprise dont il subit l'influence et/ou sur laquelle il exerce une influence. On distingue traditionnellement les parties prenantes internes (associés, salariés) et externes (clients, fournisseurs...).

Performance
Aptitude à atteindre ses objectifs (efficacité) et à améliorer le résultat compte tenu des moyens mis en œuvre (efficience).

Plan de formation
Recueil des actions de formation proposées par l'entreprise pour une période donnée. Dans les entreprises de plus de 50 salariés, l'employeur est tenu de consulter les représentants du personnel sur le contenu de ce plan.

Politique d'innovation
Ensemble d'actions qui consistent à mobiliser des ressources techniques (recherche et développement) et humaines (management des compétences) afin d'introduire efficacement de nouveaux produits (biens ou services) ou de nouveaux procédés sur le marché.

Politique salariale
Ensemble de mesures visant à déterminer la rémunération des salariés dans un souci de motivation.

Polyvalence
Capacité à occuper plusieurs postes. Elle demande la possession de compétences et de savoirs variés.

Précarité
Situation d'instabilité professionnelle qui place la personne dans une situation où son emploi n'est pas garanti.

Processus
Ensemble d'activités corrélées et interactives qui transforment des éléments d'entrée (*input*) en éléments de sortie (*output*).

Production en flux poussés
Organisation de la production qui enclenche la fabrication à partir d'une prévision de commandes et stocke les produits fabriqués.

Production en flux tendus
Organisation de la production qui permet de déclencher la fabrication à partir de la réception de la commande du client en supprimant les stocks.

Promotion
Nomination à un emploi de grade supérieur.

Pyramide des âges
Mode de représentation graphique de la répartition d'une population par tranche d'âge et par sexe à un instant donné (par exemple, l'effectif d'une entreprise).

➔Q/R

Qualité
Processus qui permet à l'entreprise de répondre aux attentes du client (rapport qualité/prix) en produisant le bien ou le service à un coût économiquement acceptable.

Recherche appliquée
Domaine permettant de donner naissance à des applications (inventions) issues de la recherche.

Recherche et développement
Processus permettant de transformer une invention en une innovation techniquement et commercialement exploitable.

Recherche fondamentale
Ensemble d'activités contribuant à faire avancer la connaissance scientifique.

Recrutement
Politique qui consiste à rechercher de nouvelles compétences humaines en faisant appel à du personnel déjà dans l'entreprise

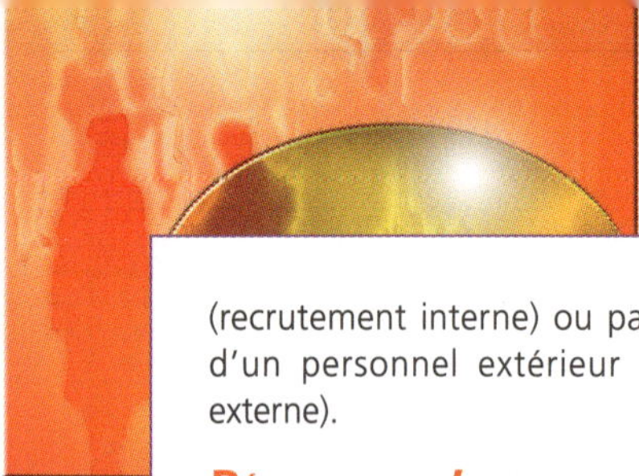

Lexique

(recrutement interne) ou par l'embauche d'un personnel extérieur (recrutement externe).

Réduction d'effectif
Politique qui consiste à diminuer le nombre du personnel de l'entreprise par des licenciements, des départs à la retraite, des départs volontaires, par exemple.

Reengineering
Ensemble d'opérations permettant la reconfiguration des processus d'une entreprise, dans le but de restructurer et d'améliorer ses performances.

Résistance au changement
Ensemble de comportements qui expriment des inquiétudes de la part des acteurs à l'égard d'un changement structurel.

Ressources humaines
Ensemble du personnel, envisagé sous l'angle des compétences, des savoirs qu'il peut apporter à l'entreprise. Par extension, il s'agit du service de l'entreprise dirigé par le directeur des ressources humaines en charge de la gestion du personnel (paie, déclarations sociales, effectifs, administration du personnel…), de la formation, des relations sociales et syndicales, de la gestion des carrières et des compétences, de la communication interne et/ou externe, des systèmes d'informations ressources humaines SIRH.

➔S

Sommet stratégique
Équipe managériale qui élabore la stratégie de l'entreprise.

Sous-traitance
Contrat par lequel une entreprise dite « donneur d'ordre » demande à une autre entreprise dite « sous-traitant » de réaliser une partie de son activité. Il peut s'agir d'une sous-traitance de capacité ou de spécialité.

Stratégie
Ensemble d'actions, engageant l'avenir de l'entreprise et mobilisant des moyens, orientées vers des objectifs à long terme définis par la direction générale d'une entreprise.

Structure adhocratique (ou **innovante**)
Structure capable de s'adapter efficacement aux contraintes engendrées par la complexité des tâches à effectuer et les fluctuations de l'environnement.

Structure d'entreprise
Assemblage d'éléments et de mécanismes qui visent à répartir, coordonner et contrôler les activités de l'entreprise afin d'atteindre avec efficacité et efficience les objectifs stratégiques.

Structure divisionnelle (ou **divisionnaire**)
Structure organisée en unités autonomes (produits, zones géographiques…).

Structure fonctionnelle
Structure organisée en activités similaires (marketing, fabrication, RH, achats…).

Structure matricielle
Structure combinant des éléments de structure fonctionnelle et de structure divisionnelle.

Structure mécanique
Structure fortement centralisée avec une division du travail importante et généralement associée à un environnement stable.

Structure organique
Structure fortement décentralisée avec un faible nombre de niveaux hiérarchiques et généralement associée à un environnement incertain.

Structure par projet
Structure unique et limitée dans le temps permettant d'organiser l'activité en processus temporaires.

➔T

Technostructure
Groupe d'analystes chargés de planifier et de contrôler le travail en élaborant des procédures de travail.

Travail collaboratif
Technique de partage des savoirs permettant un échange interactif des connaissances entre plusieurs personnes.

➔V/W

Veille technologique
Activité constituée par l'ensemble des techniques permettant de collecter, d'analyser, de diffuser et d'exploiter des informations indispensables à l'entreprise pour affronter ses concurrents et développer ses compétences métiers.

Web 2.0
Ensemble de pratiques de travail collaboratif utilisant Internet.

N° de projet 10218331
Dépôt légal: Août 2015
Imprimé en ESPAGNE par ROTÄBOOK, S.L., Añover de Tajo (Toledo)